Classiques & Contemporains

D0827300

Éric-Emmanuel Schmitt
L'Enfant de Noé

Présentation, notes, questions et après-texte établis par
LAURENCE SUDRET
professeure de Lettres

MAGNARD

Sommaire

PRÉSENTATION
Et le « Cycle de l'Invisible » continue... 5

L'ENFANT DE NOÉ
Texte intégral 9

Après-texte

POUR COMPRENDRE
Étapes 1 à 8 (questions) 114

GROUPEMENT DE TEXTES
La Seconde Guerre mondiale en littérature 124

INTERVIEW EXCLUSIVE
Éric-Emmanuel Schmitt répond aux questions
de Laurence Sudret 130

INFORMATION/DOCUMENTATION
Bibliographie, cinéma, Internet 135

ET LE « CYCLE DE L'INVISIBLE » CONTINUE...

Est-il encore besoin de présenter Éric-Emmanuel Schmitt ?

Après avoir fait ses preuves comme dramaturge, en particulier avec *La Nuit de Valognes*[1] qui connut un succès immédiat ; après avoir fait ses preuves en tant que romancier, avec entre autres *Milarepa*[2] et *Monsieur Ibrahim et les fleurs du Coran*[3] – les deux premiers romans du « Cycle de l'invisible » –, l'enfant prodige de l'écriture a dernièrement fait ses preuves comme réalisateur. Son deuxième film *Oscar et la dame rose*, sorti en salle en décembre 2009, est une véritable réussite[4] et rencontre un immense succès.

C'est donc un véritable touche-à-tout que notre homme, un éclectique qui explore indéfiniment de nouveaux domaines.

On retrouve cet éclectisme dans les thèmes qu'il développe. Son « Cycle de l'invisible » en est une parfaite illustration : après avoir abordé le bouddhisme dans *Milarepa*, l'islam dans *Monsieur Ibrahim et les fleurs du Coran*, le christianisme dans *Oscar et la dame rose*, il aborde enfin la question du judaïsme dans *L'Enfant de Noé* : à travers l'histoire, et à travers la rencontre de Joseph et du père Pons.

---

1. N° 61 de la collection « Classiques et Contemporains ».
2. N° 102 de la collection « Classiques et Contemporains ».
3. N° 57 de la collection « Classiques et Contemporains ».
4. Voir le dossier consacré au film et au livre (n° 79 de la collection « Classiques et Contemporains ») sur le site des éditions Magnard.

Présentation

Éric-Emmanuel Schmitt nous dévoile en effet un pan dérangeant de l'histoire du XXᵉ siècle. À travers les malheurs et les bonheurs de Joseph, jeune enfant juif obligé de se cacher dans un pensionnat catholique pendant la Seconde Guerre mondiale pour éviter la déportation, nous découvrons des aspects méconnus de cette période. Des personnages hauts en couleur viennent incarner les différentes directions adoptées par les contemporains de cette guerre. Ce faisant, Éric-Emmanuel Schmitt s'attache non pas à dénoncer, mais à montrer qu'aucun sujet n'est tabou par nature : ce sont les hommes qui les rendent ainsi.

Mais cet ouvrage est aussi la rencontre de Joseph et du père Pons, et à travers eux, celle du judaïsme et du catholicisme. Les interrogations, les doutes, les espoirs et désespoirs qui habitent chaque personnage permettent de montrer l'universalité de la nature humaine, et les immenses ressources personnelles et religieuses pour y répondre, et pour les dépasser. Éric-Emmanuel Schmitt parvient ainsi à trouver le point commun de ces deux religions, leur source commune, là où d'autres auraient sans doute cherché à les confronter, et à alimenter une polémique vaine et destructrice.

L'Enfant de Noé est un hymne à la vie, à l'amour et à la tolérance, et le rappel que chacun mérite respect et considération dans ses similitudes et ses différences.

Éric-Emmanuel Schmitt

L'Enfant de Noé

Lorsque j'avais dix ans, je faisais partie d'un groupe d'enfants que, tous les dimanches, on mettait aux enchères[1].

On ne nous vendait pas : on nous demandait de défiler sur une estrade afin que nous trouvions preneur[2]. Dans le public pouvaient se trouver aussi bien nos vrais parents enfin revenus de la guerre que des couples désireux de nous adopter.

Tous les dimanches, je montais sur les planches en espérant être reconnu, sinon choisi.

Tous les dimanches, sous le préau de la Villa Jaune, j'avais dix pas pour me faire voir, dix pas pour obtenir une famille, dix pas pour cesser d'être orphelin. Les premières enjambées ne me coûtaient guère tant l'impatience me propulsait[3] sur le podium, mais je faiblissais à mi-parcours, et mes mollets arrachaient péniblement le dernier mètre. Au bout, comme au bord d'un plongeoir, m'attendait le vide. Un silence plus profond qu'un gouffre. De ces rangées de têtes, de ces chapeaux, crânes et chignons, une bouche devait s'ouvrir pour s'exclamer : « Mon fils ! » ou : « C'est lui ! C'est lui que je veux ! Je l'adopte ! » Les orteils crispés, le corps tendu vers cet appel qui m'arracherait à l'abandon, je vérifiais que j'avais soigné mon apparence.

Levé à l'aube, j'avais bondi du dortoir aux lavabos froids où je m'étais entamé la peau avec un savon vert, aussi dur qu'une pierre, long à attendrir et avare de mousse. Je m'étais coiffé vingt fois afin d'être certain que mes cheveux m'obéissent. Parce que mon costume bleu de messe était devenu trop étroit aux épaules, trop court aux poignets et aux chevilles, je me tassais à l'intérieur de sa toile rêche pour dissimuler que j'avais grandi.

---

1. En vente, au plus offrant.
2. Acheteur.
3. Envoyait fortement.

Pendant l'attente, on ne sait pas si l'on vit un délice[1] ou un supplice[2] ; on se prépare à un saut dont on ignore la réception. Peut-être va-t-on mourir ? Peut-être va-t-on être applaudi ?

30 Certes, mes chaussures faisaient mauvais effet. Deux morceaux de carton vomi. Plus de trous que de matière. Des béances[3] ficelées par du raphia. Un modèle aéré, ouvert au froid, au vent et même à mes orteils. Deux godillots[4] qui ne résistaient à la pluie que depuis que plusieurs couches de boue les avaient encrottés[5]. Je ne pouvais me risquer à les 35 nettoyer sous peine de les voir disparaître. Le seul indice qui permettait à mes chaussures de passer pour des chaussures, c'était que je les portais aux pieds. Si je les avais tenues à la main, sûr qu'on m'aurait gentiment désigné les poubelles. Peut-être aurais-je dû conserver mes sabots de semaine ? Cependant, les visiteurs de la Villa Jaune ne pouvaient pas 40 remarquer cela d'en bas ! Et même ! On n'allait pas me refuser pour des chaussures ! Léonard le rouquin n'avait-il pas récupéré ses parents alors qu'il avait paradé[6] pieds nus ?

– Tu peux retourner au réfectoire, mon petit Joseph.

Tous les dimanches, mes espoirs mouraient sur cette phrase. Le père 45 Pons suggérait[7] que ce ne serait pas pour cette fois non plus et que je devais quitter la scène.

Demi-tour. Dix pas pour disparaître. Dix pas pour rentrer dans la douleur. Dix pas pour redevenir orphelin. Au bout de l'estrade, un autre enfant piétinait déjà. Les côtes m'écrasaient le cœur.

---

1. Plaisir immense.
2. Torture.
3. Trous.
4. Grosses chaussures.
5. Ici, recouverts.
6. Défilé.
7. Ici, laissait comprendre.

50 — Vous croyez que j'y arriverai, mon père ?

— À quoi, mon garçon ?

— À trouver des parents.

— Des parents ! J'espère que *tes* vrais parents ont échappé au danger et qu'ils vont surgir bientôt.

55 À force de m'exhiber[1] sans résultat, j'en venais à me sentir coupable. En fait, c'étaient eux qui tardaient à venir. À revenir. Mais était-ce seulement leur faute ? Et vivaient-ils encore ?

J'avais dix ans. Trois ans plus tôt, mes parents m'avaient confié à des inconnus.

60 Depuis quelques semaines, la guerre était finie. Avec elle, s'était achevé le temps de l'espoir et des illusions. Nous autres, les enfants cachés, nous devions revenir à la réalité afin d'apprendre, comme on reçoit un coup sur la tête, si nous appartenions toujours à une famille ou si nous demeurions seuls sur terre…

---

1. Montrer en public.

BIEN LIRE

- **Que découvrez-vous de la situation du personnage principal ?**
- **Quelle allure a-t-il en défilant ?**
- **Qu'est-ce que la Villa Jaune ?**

Tout avait commencé dans un tramway.

Maman et moi traversions Bruxelles, assis au fond d'un wagon jaune qui crachait des étincelles en poussant des rugissements de tôle. Je pensais que c'étaient les étincelles du toit qui nous donnaient de la vitesse. Sur les genoux de ma mère, enveloppé par son parfum sucré, lové[1] contre son col de renard, lancé à vive allure au milieu de la ville grise, je n'avais que sept ans mais j'étais le roi du monde : arrière, manants[2] ! laissez-nous passer ! Les voitures s'écartaient, les charrettes s'affolaient, les piétons fuyaient tandis que le chauffeur nous conduisait, ma mère et moi, tel un couple en carrosse impérial.

Ne me demandez pas à quoi ressemblait ma mère : peut-on décrire le soleil ? De maman venaient de la chaleur, de la force, de la joie. Je me souviens de ses effets plus que de ses traits. Auprès d'elle je riais, et jamais rien de grave ne pouvait m'arriver.

Aussi, lorsque les soldats allemands montèrent, ne m'inquiétai-je pas. Je me contentai de jouer mon rôle d'enfant muet car, comme convenu avec mes parents qui craignaient que le yiddish[3] ne me dénonce, je m'interdisais de parler sitôt que des uniformes vert-de-gris ou des manteaux de cuir noir approchaient. Cette année 1942, nous étions censés porter des étoiles jaunes mais mon père, en tailleur habile, avait trouvé le moyen de nous confectionner des manteaux qui permettaient d'escamoter[4] l'étoile et de la faire réapparaître en cas de besoin. Ma mère appelait ça nos « étoiles filantes ».

---

1. Ici, collé.
2. Paysans, hommes que l'on ne respecte pas.
3. Dialecte commun aux Juifs, qui leur permettait de communiquer, quel que soit leur pays d'origine.
4. Cacher.

Tandis que les militaires conversaient sans prêter attention à nous, je
25 sentis ma mère se raidir et trembler. Était-ce l'instinct ? Avait-elle
entendu une phrase révélatrice[1] ?

Elle se leva, mit sa main sur ma bouche et, à l'arrêt suivant, me poussa
hâtivement[2] au bas des marches. Une fois sur le trottoir, je demandai :

– C'est plus loin, chez nous ! Pourquoi s'arrête-t-on déjà ?

30 – Nous allons flâner[3], Joseph. Tu veux bien ?

Moi, je voulais tout ce que voulait ma mère, même si je peinais[4]
à l'escorter sur mes jambes de sept ans tant son pas se montrait soudain
plus vif, plus saccadé[5] qu'à l'ordinaire.

En route, elle me proposa :

35 – Nous allons rendre visite à une grande dame, veux-tu ?

– Oui. Qui ?

– La comtesse de Sully.

– Elle mesure combien ?

– Pardon ?

40 – Tu m'as dit que c'était une grande dame…

– Je voulais dire qu'elle est noble.

– Noble ?

Tout en m'expliquant qu'un noble était une personne de haute naissance qui descendait d'une très vieille famille, et que, pour sa noblesse
45 même, il fallait lui marquer beaucoup de respect, elle me conduisit jusqu'au vestibule[6] d'un superbe hôtel particulier où nous saluèrent des
domestiques.

---

1. Importante, qui a des conséquences.
2. Rapidement.
3. Se balader sans but précis.
4. Avais du mal.
5. Plein de secousses.
6. Hall d'entrée.

Là, je fus désappointé[1] car la femme qui vint vers nous ne correspondait pas à ce que j'avais imaginé : bien qu'issue d'une « vieille » famille, la comtesse de Sully avait l'air très jeune et, quoique « grande » dame de « haute » naissance, elle ne mesurait guère plus que moi.

Elles conversèrent rapidement à voix basse puis ma mère m'embrassa, me demandant de l'attendre ici jusqu'à son retour.

La petite, jeune et décevante comtesse m'emmena dans son salon où elle me servit des gâteaux, du thé et me joua des airs au piano. Devant la hauteur des plafonds, l'abondance[2] du goûter et la beauté de la musique, j'acceptai de reconsidérer[3] ma position et, m'enfonçant à l'aise au fond d'un fauteuil capitonné[4], j'admis qu'elle était une « grande dame ».

Elle s'arrêta de jouer, avisa[5] l'horloge avec un soupir, puis s'approcha de moi, le front barré[6] par un souci.

– Joseph, je ne sais pas si tu comprendras ce que je vais te dire mais notre sang nous interdit de cacher la vérité aux enfants.

Si c'était une coutume chez les nobles, pourquoi me l'imposait-elle ? Croyait-elle que j'étais également noble ? D'ailleurs, l'étais-je ? Moi, noble ? Peut-être… Pourquoi pas ? Si, comme elle, il ne fallait être ni grand ni vieux, j'avais mes chances.

– Joseph, tes parents et toi êtes en grave danger. Ta mère a entendu parler d'arrestations qui vont avoir lieu dans votre quartier. Elle est allée prévenir ton père et le plus de personnes possible. Elle t'a confié à moi

---

1. Déçu.
2. Grande quantité.
3. Juger à nouveau.
4. Rembourré.
5. Ici, regarda.
6. Plissé.

pour te protéger. J'espère qu'elle reviendra. Voilà. J'espère vraiment qu'elle reviendra.

Eh bien, je préférais ne pas être noble tous les jours : la vérité, c'était plutôt douloureux.

75   – Maman revient toujours. Pourquoi elle ne reviendrait pas ?

– Elle pourrait être arrêtée par la police.

– Qu'est-ce qu'elle a fait ?

– Elle n'a rien fait. Elle est…

Là, la comtesse exhala[1] une longue plainte de poitrine qui entrecho-
80 qua les perles de son collier. Ses yeux se mouillèrent.

– Elle est quoi ? demandai-je.

– Elle est juive.

– Ben oui. On est tous juifs dans la famille. Moi aussi, tu sais.

Parce que j'avais raison, elle m'embrassa sur les deux joues.

85   – Et toi, tu es juive, madame ?

– Non. Je suis belge.

– Comme moi.

– Oui, comme toi. Et chrétienne.

– Chrétienne, c'est le contraire de juif ?

90   – Le contraire de juif, c'est nazi.

– On n'arrête pas les chrétiennes ?

– Non.

– Alors c'est mieux d'être chrétienne ?

– Ça dépend en face de qui. Viens, Joseph, je vais te faire visiter ma
95 maison en attendant que ta maman revienne.

– Ah ! tu vois qu'elle reviendra !

---

1. Soupira, souffla.

La comtesse de Sully me saisit une main et m'emmena par les escaliers qui s'envolaient aux étages admirer des vases, des tableaux, des armures. Dans sa chambre, je découvris un mur entier de robes pen-
100 dues à des cintres. Chez nous aussi, à Schaerbeek[1] , nous vivions parmi les costumes, les fils et les tissus.

– Tu es tailleur, comme papa ?

Elle rit.

– Non. J'achète les toilettes que réalisent les couturiers comme ton
105 papa. Il faut bien qu'ils travaillent pour quelqu'un, non ?

J'approuvai de la tête mais je dissimulai[2] à la comtesse qu'elle n'avait sans doute pas choisi ses vêtements chez nous car je n'avais jamais vu d'aussi beaux effets[3] chez papa, ces velours brodés, ces soies lumineuses, ces dentelles aux poignets, ces boutons qui scintillaient tels des bijoux.
110 Le comte arriva et, après que la comtesse lui eut décrit la situation, il me considéra[4].

Lui se rapprochait beaucoup plus du portrait d'un noble. Grand, fin, vieux – en tout cas, sa moustache lui donnait un air vénérable[5] –, il me toisait[6] de si haut que je compris que c'était pour lui qu'on avait
115 repoussé les plafonds.

– Viens manger avec nous, mon enfant.

La voix était celle d'un noble, ça, j'en étais certain ! Une voix solide, épaisse, grave, de la couleur des statues de bronze qu'éclairaient les chandelles.

---

1. Commune de Belgique.
2. Cachai.
3. Vêtements.
4. Regarda attentivement.
5. Respectable.
6. Regardait avec hauteur.

120 Pendant le dîner, je m'acquittai[1] avec politesse de la conversation obligée quoique je fusse absorbé[2] par cette question d'origine : étais-je noble ou pas ? Si les Sully se trouvaient prêts à m'aider et à me recueillir, était-ce parce que j'appartenais à la même lignée[3] qu'eux ? Donc noble ?

Au moment où nous passions au salon pour boire une tisane de fleurs
125 d'oranger, j'aurais pu exposer mes interrogations à voix haute mais, par peur d'une réponse négative, je préférai vivre encore un peu plus longtemps avec cette flatteuse question…

J'avais dû m'endormir quand la sonnette retentit. Lorsque, du fauteuil où je gisais[4] engourdi, je vis surgir mon père et ma mère sur le
130 palier du vestibule, je compris pour la première fois qu'ils étaient différents. Les épaules courbées dans leurs vêtements ternes[5], des valises de carton à la main, ils parlaient avec beaucoup d'incertitude, d'inquiétude, comme s'ils craignaient autant la nuit d'où ils venaient que les hôtes brillants auxquels ils s'adressaient. Je me demandai si mes parents
135 n'étaient pas pauvres.

– Une rafle[6] ! Ils arrêtent tout le monde. Les femmes et les enfants aussi. La famille Rosenberg. La famille Meyer. Les Laeger. Les Perelmuter. Tous…

Mon père pleurait. Ça me gênait qu'il vienne pleurer, lui qui ne pleu-
140 rait jamais, chez des gens tels que les Sully. Qu'est-ce que cela voulait dire, cette familiarité ? Que nous étions nobles ? Sans bouger de la bergère[7] où l'on me croyait assoupi[8], je surveillais et j'écoutais tout.

---

1. Ici, obligeai.
2. L'esprit occupé.
3. Famille.
4. Étais étendu.
5. Sans éclat, tristes.
6. Arrestation massive à l'improviste.
7. Fauteuil large et profond.
8. Endormi.

– Partir… Partir où ? Pour rejoindre l'Espagne, il faudrait pouvoir traverser la France qui n'offre pas plus de sécurité. Et sans faux papiers…

145 – Tu vois, Mishke, disait ma mère, on aurait dû accompagner tante Rita au Brésil.

– Avec mon père qui était malade, jamais !

– Il est mort, maintenant, Dieu ait son âme.

– Oui, il est trop tard.

150 Le comte de Sully mit un peu d'ordre dans la discussion.

– Je vais prendre soin de vous.

– Non, monsieur le comte, nous, notre sort n'a pas d'importance. C'est Joseph qu'il faut sauver. Lui d'abord. Et lui seul, s'il faut qu'il en soit ainsi.

155 – Oui, renchérit ma mère, c'est Joseph qu'il faut mettre à l'abri.

Selon moi, tant d'égards confirmaient mon intuition que j'étais noble. En tout cas, je l'étais aux yeux des miens.

Le comte les calma de nouveau.

– Bien sûr, je vais m'occuper de Joseph. Je vais m'occuper de vous
160 aussi. Cependant vous devrez accepter d'être provisoirement séparés de lui.

– Mon Josephélé…

Ma mère s'effondra dans les bras de la petite comtesse qui lui tapota gentiment les épaules. À la différence des larmes de mon père qui
165 m'avaient embarrassé, les siennes me déchiraient.

Si j'étais noble, je ne pouvais plus prétendre dormir ! Chevaleresque[1], je bondis du fauteuil pour consoler ma maman. Pourtant, je ne sais ce qui me prit en arrivant près d'elle, ce fut le contraire qui se produisit : je m'accrochai à ses jambes et me mis à sangloter plus fort qu'elle. En

---

1. Tel un chevalier.

170 une seule soirée, les Sully auraient vu pleurer la tribu entière ! Allez faire croire, après, que nous étions nobles, nous aussi.

Pour opérer une diversion[1], mon père ouvrit alors ses valises.

– Tenez, monsieur le comte. Puisque je ne pourrai jamais vous payer, je vous donne tout ce que je possède. Voici mes derniers costumes.

175 Et il souleva, tenus par des cintres, les vestes, pantalons et gilets qu'il avait confectionnés[2]. Il les flattait[3] du revers de la main, avec le geste habituel qu'il avait à la boutique, une preste[4] caresse qui valorisait la marchandise en soulignant le tombé[5] et la souplesse du tissu.

J'étais soulagé que mon père n'eût pas visité la chambre de la com-
180 tesse avec moi et que la vue de ses beaux vêtements lui eût été épargnée, sinon il serait mort sur-le-champ, foudroyé de confusion[6] pour oser soumettre des articles si communs à des personnes si raffinées.

– Je ne veux être payé en aucune façon, mon ami, dit le comte.

– J'insiste…

185 – Ne m'humiliez pas. Je n'agis pas par intérêt. S'il vous plaît, gardez vos précieux trésors, ils pourront vous être utiles.

Le comte avait appelé « trésors » les costumes de mon père ! Quelque chose m'échappait. Peut-être m'étais-je trompé ?

On nous fit monter au dernier niveau de la résidence où l'on nous
190 installa dans une chambre mansardée[7].

J'étais fasciné par le champ d'étoiles sur lequel s'ouvrait la fenêtre découpée au milieu du toit. Auparavant, je n'avais pas l'occasion d'ob-

---

1. Détourner l'attention.
2. Fabriqués.
3. Caressait.
4. Rapide.
5. Coupe du vêtement.
6. Gêne.
7. Sous les toits.

server le ciel car de notre appartement au sous-sol je n'entrevoyais par le soupirail[1] que des chaussures, des chiens et des cabas[2]. La voûte
195 universelle, ce velours profond parsemé de diamants, me paraissait l'aboutissement logique d'une demeure noble où la beauté éclatait à chaque étage. Ainsi, les Sully, eux, avaient au-dessus d'eux, non un immeuble de six ménages et leur progéniture[3], mais le ciel et les astres qui ne pèsent pas. J'aimais bien être noble.

200   – Tu vois, Joseph, me dit maman, cette étoile-là, c'est notre étoile. À toi et à moi.

– Comment s'appelle-t-elle ?

– Les gens l'appellent l'étoile du berger ; nous, nous l'appellerons « l'étoile de Joseph et de maman ».

205 Ma mère avait tendance à renommer les étoiles.

Elle me mit les mains sur les yeux, me fit tourniquer[4] puis me désigna le ciel.

– Où est-elle ? Peux-tu me la montrer ?

Dans l'immensité, j'appris à reconnaître à coup sûr « l'étoile de
210 Joseph et de maman ».

En me serrant contre sa poitrine, ma mère fredonnait une berceuse en yiddish. Dès qu'elle finissait la chanson, elle me demandait de lui désigner notre étoile. Puis elle chantait de nouveau. Je résistais à ma chute dans le sommeil, attaché à vivre intensément ce moment.

215 Mon père, au fond de la chambre, au-dessus de ses valises, rangeait et re-rangeait ses costumes en maugréant[5]. Entre deux couplets susurrés[6] par ma mère, j'eus la force de lui demander :

---

1. Bouche d'aération d'une cave.   4. Tourner sur soi-même.
2. Paniers.   5. En grognant.
3. Les enfants.   6. Murmurés.

– Papa, tu m'apprendras à coudre ?

Désarçonné, il tardait à répondre.

220 – Oui, insistai-je. J'aimerais bien faire des trésors. Comme toi.

Il s'approcha de moi et, lui qui témoignait fréquemment de tant de raideur et de distance, me pressa contre lui pour m'embrasser.

– Je t'apprendrai tout ce que je sais, Joseph. Et même ce que je ne sais pas.

225 D'ordinaire, sa barbe noire, drue[1] et piquante, devait lui être douloureuse car il se frottait souvent les joues et ne laissait personne la toucher. Ce soir-là, il n'en pâtissait[2] sans doute pas et m'autorisa à la palper avec curiosité.

– C'est doux, non ? murmura maman en rougissant, comme si elle me faisait une confidence.

230 – Allons, ne dis pas de sottises, gronda papa.

Bien qu'il y eût deux lits, un grand et un petit, maman insista pour que je m'allonge avec eux sur le grand. Mon père ne s'y opposa pas longtemps. Il était vraiment différent depuis que nous étions nobles.

235 Et là, en fixant les étoiles qui chantaient en yiddish, je dormis une dernière fois dans les bras de ma mère.

1. Épaisse.
2. Souffrait.

Nous ne nous sommes jamais dit adieu. Peut-être est-ce dû à l'enchaînement confus[1] des circonstances ? Peut-être fut-ce délibéré[2] de leur part ? Sans doute ne voulaient-ils pas vivre cette scène, encore moins me la faire vivre… Le fil se rompit sans que j'en prisse conscience : ils
5   s'absentèrent l'après-midi du lendemain et ne revinrent plus.

Chaque fois que je demandais au comte et à la minuscule comtesse où mes parents se trouvaient, la réponse tombait, invariable : « À l'abri. »

Je m'en contentais, car mon énergie était absorbée par la découverte de ma nouvelle vie : ma vie de noble.

10 Lorsque je n'explorais pas seul les coins et recoins de cette habitation, lorsque je n'assistais pas à la danse des bonnes attelées[3] à raviver l'argenterie, battre les tapis ou regonfler les coussins, je passais des heures au salon avec la comtesse qui perfectionnait mon français et m'interdisait la moindre expression en yiddish. Je me comportais d'autant plus docile-
15 ment[4] qu'elle me gavait[5] de gâteaux et de valses au piano. Surtout, j'étais persuadé que l'acquisition définitive de mon statut de noble nécessitait la maîtrise de cette langue, certes terne, difficile à prononcer, bien moins cocasse[6] et colorée que la mienne, mais douce, mesurée, distinguée.

Devant les visiteurs, je devais appeler le comte et la comtesse « mon
20 oncle » et « ma tante » car ils me faisaient passer pour un de leurs neveux hollandais.

J'en étais venu à croire que c'était vrai lorsqu'un matin la police entoura la maison.

– Police ! Ouvrez ! Police !

---

1. Peu clair.
2. Volontaire.
3. Occupées.
4. Avec obéissance.
5. Remplissait.
6. Amusante.

25 Des hommes frappaient à la porte principale d'une façon violente, la sonnette ne leur suffisant pas.

– Police ! Ouvrez ! Police !

En déshabillé de soie, la comtesse fit irruption dans ma chambre, me saisit entre ses bras et m'emporta jusqu'à son lit.

30 – Ne crains rien, Joseph, réponds en français, toujours comme moi.

Alors que les policiers grimpaient l'escalier, elle entama la lecture d'une histoire, elle et moi adossés[1] aux oreillers, comme si de rien n'était.

Lorsqu'ils pénétrèrent, ils nous jetèrent un œil furibond[2].

– Vous cachez une famille juive !

35 – Fouillez tout ce que vous voulez, dit-elle en les traitant de haut, auscultez[3] les murs, fracturez les malles, soulevez les lits : de toute façon, vous ne trouverez rien. En revanche, dès demain, je peux vous garantir que vous entendrez parler de moi.

– Il y a eu une dénonciation, madame.

40 Sans se démonter, la comtesse s'indigna qu'on crût n'importe qui, prévint que l'affaire ne s'arrêterait pas là mais remonterait jusqu'au palais puisqu'elle était intime avec la reine Élisabeth, puis annonça aux fonctionnaires que cette boulette allait leur coûter leur carrière, ça, ils pouvaient lui faire confiance !

45 – Maintenant, fouillez ! Fouillez vite !

Devant tant d'assurance et d'indignation, le chef des policiers ébauchait[4] presque un recul.

– Puis-je vous demander, madame, qui est cet enfant ?

– Mon neveu. Le fils du général von Grebels. Dois-je vous présenter
50 notre arbre généalogique ? Vous cherchez à vous suicider, mon garçon !

---

1. Appuyés contre.
2. En colère.
3. Ici, vérifiez.
4. Commençait.

Après une fouille infructueuse[1], les policiers partirent en bafouillant des excuses, patauds[2], honteux.

La comtesse jaillit du lit. À bout de nerfs, elle se mit à pleurer et à rire en même temps.

55 — Tu as surpris un de mes secrets, Joseph, un de mes tours de femme.

— Lequel ?

— Accuser au lieu de se justifier. Attaquer lorsqu'on est soupçonné. Mordre plutôt que se défendre.

— C'est réservé aux femmes ?

60 — Non. Tu peux t'en servir.

Le lendemain, les Sully m'annoncèrent que je ne pourrais plus rester chez eux car leur mensonge ne résisterait pas à une enquête.

— Le père Pons va venir et il s'occupera de toi. Tu ne peux être entre de meilleures mains. Tu devras l'appeler « mon père ».

65 — Bien, mon oncle.

— Tu ne l'appelleras pas « mon père » pour faire croire qu'il est ton père, comme tu m'appelles « mon oncle ». Le père Pons, tout le monde l'appelle « mon père ».

— Même vous ?

70 — Même nous. C'est un prêtre. Nous disons « mon père » quand nous nous adressons à lui. Les policiers aussi. Les soldats allemands aussi. Tout le monde. Même ceux qui ne croient pas.

— Ceux qui ne croient pas qu'il est leur père ?

— Même ceux qui ne croient pas en Dieu.

75 J'étais très impressionné de rencontrer quelqu'un qui était le « père » du monde entier, ou qui passait pour tel.

---

1. Sans résultats.
2. Maladroits.

– Le père Pons, demandai-je, a-t-il un rapport avec la pierre ponce ?

Je songeais à cette pierre douce et légère que, depuis quelques jours, la comtesse m'apportait dans mon bain pour que je me frotte les pieds et que j'en ôte les peaux mortes et cornées[1]. De la forme d'une souris, l'objet me fascinait par sa faculté de flotter – on n'attend pas cela d'une pierre – et de changer de couleur dès qu'elle était mouillée – du blanc grisé au noir anthracite[2]. Les Sully éclatèrent de rire.

– Je ne vois pas pourquoi vous rigolez, dis-je, vexé. Ce pourrait être lui qui l'a découverte... ou inventée... la pierre ponce. Après tout, il a bien fallu que quelqu'un le fasse !

Cessant de se moquer, les Sully hochèrent la tête.

– Tu as raison, Joseph : ce pourrait être lui. Il n'a cependant aucun rapport avec la pierre.

Il n'empêche. Lorsqu'il sonna puis entra à l'hôtel de Sully, je devinai immédiatement qu'il s'agissait de lui.

L'homme, long, étroit, donnait l'impression d'être composé de deux parties sans rapport entre elles : la tête et le reste. Son corps semblait immatériel[3], une étoffe dépourvue de relief, une robe noire aussi plate que si elle était accrochée à un cintre, d'où dépassaient des bottines brillantes qu'on ne voyait enfilées à aucune cheville. En revanche, la tête jaillissait, rose, charnue, vivante, neuve, innocente, tel un bébé sortant du bain. On avait envie de l'embrasser, de la prendre entre ses mains.

– Bonjour, mon père, dit le comte. Voici Joseph.

Je le contemplais en essayant de comprendre pourquoi son visage non seulement me surprenait peu mais avait l'aspect d'une confirmation.

1. Formant une peau très épaisse.
2. Noir comme du charbon.
3. Sans réalité.

Confirmation de quoi ? Ses yeux noirs me considéraient avec bien-veillance derrière le cercle de ses légères lunettes.

Soudain, la lumière se fit.

105   — Vous n'avez pas de cheveux ! m'exclamai-je.

Il sourit et, à cet instant-là, je commençai à l'aimer.

— J'en ai perdu beaucoup. Le peu qui pousse, je le rase.

— Pourquoi ?

— Pour ne pas perdre du temps à me coiffer.

110   Je pouffai[1]. Ainsi, lui-même ne saisissait pas pourquoi il était chauve ? C'était trop drôle… Les Sully me regardaient avec une mine interroga-tive. Eux non plus ? Allais-je leur dire ? Enfin, c'était pourtant évident : le père Pons avait le crâne aussi lisse qu'un galet parce qu'il devait res-sembler à son nom : Pierre Ponce !

115   À leur étonnement persistant[2], je sentis cependant que je devais me taire. Quitte à passer pour un imbécile…

— Sais-tu faire du vélo, Joseph ?

— Non.

Je n'osais pas avouer la raison de cette infirmité : depuis le début de
120   la guerre, mes parents, prudents, m'interdisaient de m'amuser dans la rue. En jeu, j'étais donc très en retard sur les gamins de mon âge.

— Alors je vais t'apprendre, reprit le père. Tu vas tâcher de te tenir derrière moi. Accroche-toi.

Dans la cour de la demeure, m'appliquant à mériter la fierté des Sully,
125   j'eus besoin de plusieurs tentatives pour parvenir à rester sur le porte-bagages.

— Essayons maintenant dans la rue.

---

1. Eus un rire étouffé.
2. Insistant, qui dure.

Lorsque j'y arrivai, le comte et la comtesse s'approchèrent. Ils m'embrassèrent prestement[1].

130 – À bientôt, Joseph. Nous irons te rendre visite. Attention au Gros Jacques, mon père.

À peine eus-je le temps de comprendre qu'il s'agissait d'un adieu que le père et moi roulions à travers les rues de Bruxelles. Vu que mon attention se focalisait[2] sur le maintien de mon équilibre, je ne pus m'abandonner à mon chagrin.

135

Sous une pluie fine qui transformait le goudron en miroir huileux, nous avancions, rapides, frémissants, vacillant sur quelques centimètres de boyaux.

– Si nous rencontrons le Gros Jacques, penche-toi contre moi et parlons comme si nous nous fréquentions depuis toujours.

140

– Qui est le Gros Jacques, mon père ?

– Un traître juif qui circule dans une voiture de la Gestapo[3]. Il désigne aux nazis les juifs qu'il reconnaît afin qu'ils les arrêtent.

J'avais justement remarqué une traction[4] noire et lente qui nous suivait. Je jetai un coup d'œil dans mon dos et j'aperçus, derrière le pare-brise, au milieu d'hommes en manteaux sombres, une face blafarde[5] et transpirante qui scrutait[6] rapidement de ses yeux en billes les trottoirs de l'avenue Louise.

145

– Le Gros Jacques, mon père !

150 – Vite, raconte-moi quelque chose. Tu dois bien savoir des histoires drôles, Joseph ?

1. Vivement, rapidement.
2. Se concentrait.
3. Police de l'Allemagne nazie.
4. Voiture avec traction avant (ce sont les roues avant qui font avancer).
5. Pâle.
6. Observait.

Sans chercher les meilleures, je me mis à débiter tout mon stock de blagues. Je n'aurais jamais cru qu'elles amuseraient autant le père Pons qui riait à gorge déployée. Du coup, dopé par ce succès, je me mis

155 à rigoler aussi et, lorsque la voiture vint nous serrer, j'étais déjà trop grisé par mon succès pour y prêter attention.

Le Gros Jacques nous fixa d'un air mauvais en tapotant ses joues flasques[1] avec un petit mouchoir blanc plié puis, dégoûté par notre joie de vivre, fit signe au chauffeur d'accélérer.

160 Peu après, le père Pons enfila une rue de côté et l'automobile disparut de notre vue. Je voulais continuer ma carrière de comique lorsque le père Pons s'exclama :

– Je t'en supplie, Joseph, arrête. Tu me fais tant rire que je n'arrive plus à pédaler.

165 – Dommage. Vous ne connaîtrez pas l'histoire des trois rabbins qui essayaient une moto.

À la nuit tombante, nous roulions encore. Nous avions quitté la ville depuis longtemps et nous traversions la campagne où les arbres devenaient noirs.

170 Le père Pons ne s'essoufflait pas mais ne parlait guère, se contentant de « Ça va ? », « Tu tiens bon ? », « Tu ne te fatigues pas, Joseph ? ». Pourtant, au fur et à mesure que nous progressions, j'avais le sentiment que nous devenions plus familiers, sans doute parce que mes bras entouraient sa taille, que ma tête reposait sur son dos et que je sentais à tra-

175 vers la grosse étoffe la chaleur de ce corps étroit me gagner doucement. Enfin une pancarte indiqua Chemlay, le village du père Pons, et il freina. Le vélo hennit et je tombai dans le fossé.

---

1. Molles, pendantes.

– Bravo, Joseph, tu as bien pédalé ! Trente-cinq kilomètres ! Pour un début, c'est remarquable !

Je me relevai sans oser détromper le père Pons. En fait, à ma grande honte, je n'avais pas pédalé pendant le voyage, j'avais laissé traîner mes jambes dans le vide. Y avait-il des pédales que je n'aurais même pas remarquées ?

Il posa le vélo sans que j'aie le temps de vérifier et me prit par la main. Nous coupâmes à travers champs jusqu'à la première maison à l'orée[1] de Chemlay, une bâtisse courte et trapue[2]. Là, il me signifia d'être silencieux, évita l'entrée principale et frappa à la porte du cellier[3].

Une figure surgit.

– Entrez vite.

Mademoiselle Marcelle, la pharmacienne, referma vite la porte et nous fit descendre les quelques marches qui conduisaient à sa cave éclairée par une avare lampe à huile.

Mademoiselle Marcelle faisait peur aux enfants et, lorsqu'elle s'inclina vers moi, elle ne manqua pas son effet habituel : je faillis crier de répulsion. Était-ce la pénombre ? L'éclairage par en dessous ? Mademoiselle Marcelle s'apparentait à tout sauf à une femme ; on aurait dit une pomme de terre sur un corps d'oiseau. Son visage aux traits épais, mal formés, aux paupières plissées, à la peau brune, irrégulière, terne, rugueuse, ressemblait à un tubercule[4] qu'un paysan venait de biner[5] : un coup de pioche avait tracé une bouche mince et deux petites excroissances, les yeux ; quelques cheveux rares, blancs à la racine, roussâtres

1. Le bord.
2. Très large.
3. Sorte de cave.
4. Racine semblable à la pomme de terre.
5. Ramasser.

à la pointe, indiquaient une repousse éventuelle pour le printemps. Dressée sur ses jambes maigres, pliée en avant, le tronc tout en estomac comme un rouge-gorge pansu[1], bombée du cou à l'aine, mains posées sur les hanches, coudes placés en arrière dans une position d'envol, elle me fixait avant de me picorer.

– Juif, bien sûr ? demanda-t-elle.

– Oui, dit le père Pons.

– Comment t'appelles-tu ?

– Joseph.

– C'est bon. Pas besoin de changer le prénom : c'est autant juif que chrétien. Et tes parents ?

– Maman : Léa. Papa : Michaël.

– Je te demande leur nom de famille.

– Bernstein.

– Oh, catastrophique, ça ! Bernstein… On va dire Bertin. Je vais t'établir des papiers au nom de Joseph Bertin. Viens, suis-moi ici, pour la photographie.

Dans un coin de la pièce un tabouret m'attendait, posé devant un décor peint représentant un ciel au-dessus d'une forêt.

Le père Pons me coiffa, arrangea mes vêtements et me demanda de regarder l'appareil, une volumineuse boîte en bois avec des soufflets sur un échafaudage presque aussi haut qu'un homme.

À cet instant un éclair parcourut la pièce, si vif, si déconcertant que je crus avoir rêvé.

Pendant que je me frottais les yeux, Mademoiselle Marcelle glissa une autre plaque dans l'accordéon et le phénomène lumineux se reproduisit.

---

1. Avec un gros ventre.

– Encore ! réclamai-je.

230 – Non, deux suffiront. Je les développerai cette nuit. Tu n'as pas de poux, j'espère ? Enfin, tu vas te passer cette lotion. Ni la gale ? De toute façon, je vais te frotter à la brosse et au soufre. Quoi d'autre ? Monsieur Pons, quelques jours et je vous le rends, ça vous va ?

– Ça me va.

235 Moi, ça ne m'allait pas du tout : l'idée de rester seul avec elle m'épouvantait. N'osant le dire, je demandai à la place :

– Pourquoi dis-tu monsieur ? On doit dire « mon père ».

– Je dis comme je veux. Monsieur Pons sait très bien que je déteste les curés, que j'en bouffe depuis ma naissance, et que je vomis l'hostie[1].
240 Je suis pharmacienne, la première femme pharmacienne de Belgique ! La première diplômée ! J'ai fait des études et je connais la science. Alors « mon père »… à d'autres ! D'ailleurs, monsieur Pons ne m'en veut pas.

– Non, dit le père, je sais que vous êtes une bonne personne.

Elle se mit à grommeler[2], comme si le mot « bonne » sentait trop la
245 sacristie[3].

– Je ne suis pas bonne, je suis juste. J'aime pas les curés, j'aime pas les juifs, j'aime pas les Allemands, mais je ne supporte pas qu'on s'attaque à des enfants.

– Je sais que vous aimez les enfants.

250 – Non, j'aime pas les enfants non plus. Mais ce sont quand même des êtres humains.

– Alors c'est que vous aimez l'humanité !

– Ah, monsieur Pons, arrêtez de vouloir que j'aime quelque chose ! C'est bien un langage de curé, ça. Je n'aime rien ni personne. Mon

---

1. Pastille en pain d'ange donnée au cours de la messe.
2. Ronchonner.
3. Lieu où l'on dépose les vases sacrés.

255 métier, c'est pharmacienne : ça veut dire aider les gens à demeurer en
vie. Je fais mon travail, voilà tout. Allez, ouste, débarrassez-moi le plan-
cher. Je vais vous remettre ce gamin en état, soigné, bien propre, avec
des papiers qui lui foutront la paix, sacrebleu !

Elle tourna les talons pour fuir la discussion. Le père Pons se pencha
260 vers moi et me glissa dans un sourire :

– « Sacrebleu », c'est devenu son surnom au village. Elle jure davantage que son père qui était colonel.

Sacrebleu m'apporta à manger, me dressa un lit et m'ordonna, d'une
voix qui ne supportait pas la contradiction, de bien me reposer. En m'en-
265 dormant ce soir-là, je ne pus m'empêcher d'éprouver une certaine admiration pour une femme qui disait « sacrebleu » avec autant de naturel.

Je passai plusieurs jours auprès de l'intimidante Mademoiselle
Marcelle. Devant moi, chaque soir, après une journée dans son officine
située au-dessus de la cave, elle besognait[1] sans vergogne[2] à me consti-
270 tuer de faux papiers.

– Ça te gêne que je te donne six ans plutôt que sept ?

– J'en aurai bientôt huit, protestai-je.

– Donc tu as six ans. C'est plus prudent. On ne sait pas combien de
temps cette guerre va durer. Le plus tard tu seras adulte, le mieux tu te
275 porteras.

Lorsque Mademoiselle Marcelle posait une question, il était inutile
de lui répondre car elle ne la posait qu'à elle-même et n'attendait que
d'elle-même une réponse.

– Tu diras aussi que tes parents sont décédés. De mort naturelle.
280 Voyons, quelle maladie aurait pu les emporter ?

---

1. Travaillait.
2. Honte.

– Mal au ventre ?

– La grippe ! Une forme foudroyante de grippe. Récite-moi ton histoire.

Quand il s'agissait de répéter ce qu'elle avait inventé, Mademoiselle Marcelle prêtait soudain l'oreille aux autres.

– Je m'appelle Joseph Bertin, j'ai six ans, je suis né à Anvers et mes parents sont morts l'hiver dernier de la grippe.

– C'est bien. Tiens, prends une pastille à la menthe.

Quand je l'avais satisfaite, elle avait des gestes de dompteur : elle me jetait un bonbon que je devais attraper au vol.

Chaque jour le père Pons venait nous voir sans nous camoufler[1] les difficultés qu'il avait à me dégoter[2] un foyer d'accueil.

– Dans les fermes des environs, tous les gens « sûrs » ont déjà recueilli un ou deux enfants. En outre, les éventuels candidats hésitent, ils seraient plus attendris par un bébé. Joseph est déjà grand, il a sept ans.

– J'ai six ans, mon père, m'exclamai-je.

Pour me féliciter de mon intervention, Mademoiselle Marcelle m'enfourna un bonbon dans la gueule puis vociféra[3] à l'intention du prêtre :

– Si vous voulez, monsieur Pons, je pourrais menacer les hésitants.

– De quoi ?

– Sacrebleu ! Plus de médicaments s'ils n'accueillent pas vos réfugiés ! Qu'ils crèvent la gueule ouverte !

– Non, mademoiselle Marcelle, il faut que les gens acceptent de prendre ce risque eux-mêmes. Ils encourent la prison pour complicité…

Mademoiselle Marcelle pivota vers moi.

– Ça te plairait de devenir pensionnaire à l'école du père Pons ?

---

1. Cacher.
2. Trouver.
3. Hurla, cria.

Sachant qu'il était inutile de répondre, je ne bougeai pas et la laissai continuer.

— Prenez-le avec vous à la Villa Jaune, monsieur Pons, même si c'est
310 le premier endroit où l'on ira chercher des enfants cachés. Mais, sacrebleu, avec les papiers que je lui ai faits…

— Comment le nourrirai-je ? Je ne peux plus demander un seul timbre de ravitaillement[1] supplémentaire aux autorités. Les enfants de la Villa Jaune sont sous-alimentés, vous le savez bien.

315 — Bah, pas de problème ! Le bourgmestre[2] vient ici ce soir pour sa piqûre. Je m'en occupe.

À la nuit, après avoir descendu le rideau de fer de sa pharmacie en provoquant autant de vacarme que si elle faisait exploser un tank, Mademoiselle Marcelle vint me chercher à la cave.

320 — Joseph, j'aurai peut-être besoin de toi. Veux-tu bien monter et rester sans moufter[3] dans le placard à manteaux ?

Comme je ne répondais pas, elle s'énerva.

— Je t'ai posé une question ! Sacrebleu, tu es abruti ou quoi ?

— Je veux bien.

325 Lorsque la cloche sonna, je me glissai au milieu des étoffes pendantes imprégnées de naphtaline[4] tandis que Mademoiselle Marcelle faisait pénétrer le bourgmestre dans l'arrière-boutique. Elle le délesta[5] de sa gabardine qu'elle me fourra contre le nez.

— J'ai de plus en plus de mal à me procurer de l'insuline, monsieur
330 Van der Mersch.

---

1. Ticket permettant l'achat de nourriture pendant la guerre.
2. Sorte de maire en Belgique.
3. Parler.
4. Produit que l'on met dans le linge pour éviter les mites.
5. Ici, lui enleva.

– Ah les temps sont durs…

– En vérité, je ne saurai plus vous administrer votre piqûre la semaine prochaine. Pénurie[1] ! Rupture ! Fin !

– Mon Dieu… alors… mon diabète…

35 – Pas moyen, monsieur le bourgmestre. Sauf si…

– Sauf si quoi, mademoiselle Marcelle ? Dites ! Je suis prêt à tout.

– Sauf si vous me donnez des timbres d'alimentation. Je pourrai les échanger contre votre médicament.

Le bourgmestre répliqua d'une voix paniquée.

40 – C'est impossible… je suis surveillé… la population du village a beaucoup trop augmenté ces dernières semaines… et vous savez bien pourquoi… je ne peux pas demander davantage sans attirer l'attention de la Gestapo sur nous… ça… ça nous retomberait dessus… Sur nous tous !

45 – Prenez ce coton et appuyez fort. Mieux que ça !

Tandis qu'elle harcelait le bourgmestre, elle s'approcha de moi et me glissa, entre les deux battants[2], d'une voix rapide et basse :

– Prends-lui ses clés dans son manteau, le trousseau en fer, pas celui recouvert de cuir.

50 Je crus avoir mal compris. L'avait-elle deviné ? Elle ajouta entre ses dents :

– Et grouille-toi, sacrebleu !

Elle retourna achever le pansement du bourgmestre pendant que, à l'aveugle, je le délestais de son trousseau.

55 Après le départ de son visiteur, elle me libéra du placard, m'envoya à la cave puis s'enfonça dans la nuit.

---

1. Rupture de stock.
2. Portes.

Le lendemain, très tôt, le père Pons vint nous avertir :

– Branle-bas de combat, mademoiselle Marcelle, on a dérobé les timbres de ravitaillement à la mairie !

360 Elle se frotta les mains.

– Ah oui ? Comment a-t-on fait ça ?

– Les pillards[1] ont crocheté les volets et brisé une fenêtre.

– Ah tiens ! Le bourgmestre a bousillé son hôtel de ville ?

– Que voulez-vous dire ? C'est lui qui a dérobé…

365 – Non, c'est moi. Avec ses clés. Mais quand je les ai remises dans sa boîte ce matin, j'étais certaine qu'il simulerait[2] une effraction pour ne pas être soupçonné. Allons, monsieur Pons, prenez les feuilles de timbres. Ce bloc est à vous.

Quoique revêche[3] et incapable de sourire, Mademoiselle Marcelle
370 avait l'œil qui brillait d'une flamme joyeuse.

Elle me poussa aux épaules.

– Allez ! Tu vas suivre le père, maintenant !

Le temps qu'on me prépare un bagage, qu'on rassemble mes faux papiers, que je répète l'histoire de ma fausse vie, j'arrivai à l'école pen-
375 dant le déjeuner des élèves.

La Villa Jaune était couchée comme un chat géant lové au sommet de la colline. Les pattes en pierre du perron conduisaient à la gueule, une entrée autrefois peinte en rose où des canapés épuisés tiraient une langue douteuse. À l'étage, deux grandes baies vitrées en forme de pau-
380 pières ovales dominaient le bâtiment et observaient fixement ce qui se passait dans la cour, entre la grille et les platanes. Sur le toit, deux balcons mansardés hérissés de fer forgé faisaient penser à des oreilles et le bâtiment du réfectoire s'arrondissait en queue sur le côté gauche.

---

1. Voleurs.
2. Ferait semblant.
3. D'apparence sévère.

De « jaune », la villa n'avait plus que le nom. Un siècle de crasse, de pluie, d'usure et de balles lancées sur le crépi[1] par les enfants avait délabré puis zébré sa fourrure qui virait désormais au fauve amorti[2].

– Bienvenue à la Villa Jaune, Joseph, me dit le père Pons. À l'avenir, ce sera ton école et ton foyer. Il y a trois types d'élèves : les externes qui retournent déjeuner chez eux, les demi-pensionnaires qui restent aux repas de midi et les pensionnaires qui logent ici. Toi, tu seras pensionnaire : je vais te montrer ton lit et ton placard au dortoir.

Je songeai à ces différences inédites : externes, demi-pensionnaires, pensionnaires. Il me plaisait que ce ne fût pas seulement un ordre mais une hiérarchie : de l'écolier sommaire à l'étudiant complet en passant par le demi-élève. J'accédais donc d'emblée à la classe supérieure. Frustré[3] de noblesse les jours précédents, j'étais content qu'on me conférât[4] cette distinction supplémentaire.

Au dortoir, je fus grisé de faire connaissance avec mon placard – je n'avais jamais eu de placard à moi – et, en contemplant ces étagères vides, je rêvai aux nombreux trésors que j'y mettrais, sans bien concevoir que, pour l'heure, je n'avais que deux tickets de tramway usagés à y déposer.

– Maintenant, je vais te présenter ton parrain. Tout pensionnaire à la Villa Jaune est protégé par un plus grand. Rudy !

Le père Pons cria « Rudy » plusieurs fois sans succès. Les surveillants reprirent le nom en écho. Puis les élèves. Enfin, après un temps qui me parut insupportable et qui mit toute l'école sens dessus dessous, le dénommé Rudy survint.

En me promettant un « grand » comme parrain, le père Pons n'avait pas menti : Rudy était interminable. Il montait si haut qu'on le croyait

---

1. Mélange de plâtre et de ciment avec lequel on recouvre les murs.
2. Ici, bien installé.
3. Privé.
4. Donnât.

suspendu à un fil derrière ses épaules basses, tandis que ses bras et ses
410 jambes pendaient dans le vide, sans force, désarticulés, et que sa tête
dodelinait en avant, pesante, chargée de cheveux trop bruns, trop drus,
trop raides, étonnés d'être là. Il avançait lentement pour s'excuser de
son gigantisme, tel un dinosaure nonchalant[1] qui dirait : « N'ayez pas
d'inquiétude : je suis gentil, je ne mange que de l'herbe. »

415   — Mon père ? demanda-t-il d'une voix grave mais molle.

     — Rudy, voici Joseph, ton filleul.

     — Ah non, mon père, ce n'est pas une bonne idée.

     — Tu ne discutes pas.

     — Il a l'air bien, ce gosse… il ne mérite pas ça.

420   — Je te charge de lui faire visiter l'école et lui enseigner le règlement.

     — Moi ?

     — À force d'être puni, je pense que tu le connais mieux que personne.
À la deuxième cloche, tu amèneras ton filleul dans la classe des petits.

Le père Pons s'éclipsa. Rudy me considéra comme un tas de bûches
425 qu'il devait transporter sur son dos et poussa un soupir.

     — Comment tu t'appelles ?

     — Joseph Bertin. J'ai six ans. Je suis né à Anvers et mes parents sont
morts de la grippe espagnole.

Il leva les yeux au ciel.

430   — Ne récite pas ta leçon, attends qu'on te pose les questions si tu veux
qu'on te croie.

Vexé d'avoir été maladroit, j'appliquai le conseil de la comtesse de
Sully et j'attaquai bille en tête[2] :

---

1. Sans énergie.
2. En fonçant.

– Pourquoi ne veux-tu pas être mon parrain ?

– Parce que j'ai le mauvais œil[1]. S'il y a un caillou dans les lentilles, c'est pour moi. Si une chaise doit se briser, c'est sous moi. Si un avion tombe, c'est sur moi. J'ai la poisse[2] et je porte la poisse. Le jour de ma naissance, mon père a perdu son emploi et ma mère a commencé à pleurer. Si tu me confies une plante, elle crève. Si tu me prêtes un vélo, il crève aussi. J'ai les doigts de la mort. Quand les étoiles me regardent, elles frissonnent. Quant à la lune, elle serre les fesses. Je suis une calamité universelle, une erreur, une catastrophe, la malchance sur pattes, un vrai *schlemazel*.

Plus il enchaînait les plaintes d'une voix qui ricochait[3] du grave à l'aigu sous le coup de l'émotion, plus je me tordais de rire. Je finis par demander :

– Est-ce qu'il y a des juifs, ici ?

Il se raidit.

– Des juifs ? À la Villa Jaune ! Aucun ! Jamais ! Pourquoi me poses-tu cette question ?

Il me saisit par les épaules et me dévisagea.

– Est-ce que tu es juif, Joseph ?

Il me scrutait[4] durement. Je savais qu'il testait mon sang-froid. Sous l'œil sévère, il y avait une supplication : « Mens bien, s'il te plaît, fais-moi un beau mensonge. »

– Non, je ne suis pas juif.

---

1. Je porte malheur.
2. Malchance.
3. Ici, passait.
4. Observait attentivement.

BIEN LIRE

• **L. 355-368 : Que fait Mademoiselle Marcelle pendant la nuit ? Pourquoi ?**

• **L. 372-386 : Où Joseph se retrouve-t-il ?**

• **L. 402-444 : Qui est Rudy ? Est-il content d'être le parrain de Joseph ? Pourquoi ?**

Il relâcha son étreinte, rassuré. Je continuai :

– D'ailleurs, je ne sais même pas ce que c'est, un juif.

– Moi non plus.

460   – Ils ressemblent à quoi, les juifs, Rudy ?

– Nez crochu, yeux saillants[1], lippe[2] pendante, avec des oreilles décollées.

– Il paraît même qu'ils ont des sabots à la place des pieds et une queue entre les fesses.

– Faudrait voir, dit Rudy avec un air sérieux. Enfin, en ce moment,
465 un juif c'est surtout quelqu'un qu'on chasse et qu'on arrête. Ça tombe bien que tu ne le sois pas, Joseph.

– Et toi, ça tombe bien que tu ne le sois pas, Rudy. Mais tu devrais quand même éviter de parler yiddish et de dire *schlemazel* à la place de malchanceux.

470   Il tressaillit. Je souris. Chacun avait percé le secret de l'autre, nous pouvions être complices désormais. Pour sceller[3] notre accord, il me fit exécuter un tour compliqué avec les doigts, les paumes et les coudes puis cracher par terre.

– Viens visiter la Villa Jaune.

475   D'un geste naturel, il cala ma petite main dans sa colossale paluche[4] chaude et, comme si nous étions frères depuis toujours, il me fit découvrir l'univers où j'allais passer les années à venir.

– Quand même, murmura-t-il entre ses dents, tu ne trouves pas que j'ai une tête de victime ?

480   – Si tu apprenais à te servir d'un peigne, ça changerait tout.

– Et ma dégaine ? T'as vu ma dégaine ? J'ai les pieds en péniches et des battoirs à la place des mains.

---

1. Qui ressortent.
2. Lèvre inférieure.
3. Conclure.
4. Grosse main.

– C'est parce qu'ils ont poussé avant le reste, Rudy.

– Je prolifère[1], je m'agrandis ! C'est pas de pot de se transformer en
485 cible !

– Une bonne taille, ça inspire la confiance.

– Mouais ?

– Et ça attire les filles.

– Mouais... tu avoueras qu'il faut être un sacré *schlemazel* pour se
490 traiter de *schlemazel* !

– Ce n'est pas la chance qui te manque, Rudy, c'est la cervelle.

Ainsi débuta notre amitié : je pris immédiatement mon parrain sous
ma protection.

Le premier dimanche, le père Pons me convoqua à neuf heures dans
495 son bureau.

– Joseph, je suis désolé : je voudrais que tu ailles à la messe avec les
autres enfants de la pension.

– D'accord. Pourquoi êtes-vous désolé ?

– Ça ne te choque pas ? Tu vas te rendre dans une église, pas dans
500 une synagogue.

Je lui expliquai que mes parents ne fréquentaient pas la synagogue et
que je les soupçonnais de ne même pas croire en Dieu.

– Peu importe, conclut le père Pons. Crois en ce que tu veux, au
Dieu d'Israël, au Dieu des chrétiens ou en rien, mais ici, comporte-toi
505 comme tout le monde. Nous allons nous rendre à l'église du village.

– Pas à la chapelle au fond du jardin ?

– Elle est désaffectée[2]. De plus, je veux que le village connaisse toutes
les brebis de mon troupeau.

---

1. Ici, pousse, grandit.
2. Abandonnée.

Je revins en courant au dortoir pour me préparer. Pourquoi étais-je
510 si excité de me rendre à la messe ? Sans doute sentais-je qu'il y avait un
fort bénéfice à devenir catholique : cela me protégerait. Mieux : cela me
rendrait normal. Être juif, pour l'instant, signifiait avoir des parents
incapables de m'élever, posséder un nom qu'il fallait mieux remplacer,
contrôler en permanence mes émotions et mentir. Alors, quel intérêt ?
515 J'avais très envie de devenir un petit orphelin catholique.

Nous descendîmes à Chemlay dans nos costumes de drap bleu, en
deux files par ordre décroissant de taille, nos enjambées rythmées par
un chant scout. Devant chaque logement, des regards bienveillants se
posaient sur nous. On nous souriait. On nous adressait des signes ami-
520 caux. Nous faisions partie du spectacle du dimanche : les orphelins du
père Pons.

Seule Mademoiselle Marcelle, sur le pas de sa pharmacie, paraissait
prête à mordre. Quand notre prêtre, fermant la marche, passa devant
elle, elle ne put se retenir de grogner :

525 – En route pour le bourrage de crâne ! Nourrissez-les de fumée !
Donnez-leur leur dose d'opium ! Vous croyez les soulager mais ces
drogues sont du poison ! Surtout la religion !

– Bonjour, mademoiselle Marcelle, répondit le père Pons avec un
sourire, la colère vous met très en beauté, comme chaque dimanche.

530 Surprise par le compliment, elle se réfugia rageusement dans sa boutique en tirant sa porte si vite qu'elle faillit en briser le carillon[1].

Notre groupe franchit le porche aux sculptures inquiétantes et je
découvris la première église de ma vie.

Prévenu par Rudy, je savais qu'il fallait tremper ses doigts dans
535 le bénitier[2], figurer un signe de croix sur sa poitrine puis s'acquit-

---

1. Cloche d'entrée.
2. Grande vasque, souvent en forme de coquillage, située à l'entrée des églises et contenant de
l'eau bénite.

ter[1] d'une rapide génuflexion[2] en empruntant l'allée centrale. Entraîné par ceux qui me précédaient, poussé par ceux qui me succédaient, je vis arriver mon tour avec effroi. Je craignais, au moment de toucher l'eau bénite, qu'une voix retentît entre ces murs et criât avec courroux : « Cet enfant n'est pas chrétien ! Qu'il sorte ! C'est un juif ! » Au lieu de cela, l'eau frémit à mon contact, épousa ma main et vint se lover, fraîche et pure, le long de mes doigts. Encouragé, je m'appliquai à dessiner sur mon torse une croix parfaitement symétrique puis je fléchis le genou là où mes camarades l'avaient fait avant de les rejoindre sur notre banc.

« Nous voici dans la maison de Dieu, lança une voix grêle[3]. Merci de nous recevoir dans ta maison, Seigneur. »

Je levai la tête : pour une maison, c'était une maison ! Pas la maison de n'importe qui ! Une maison sans portes ni cloisons intérieures, avec des fenêtres colorées qui ne s'ouvraient pas, des piliers qui ne servaient à rien et des plafonds arrondis. Pourquoi des plafonds courbés ? Et si hauts ? Et sans lustres ? Et pourquoi avait-on, autour du curé, allumé des bougies en plein jour ? D'un coup d'œil circulaire[4], je vérifiai qu'il y avait suffisamment de sièges pour chacun de nous. Mais où allait s'asseoir Dieu ? Et pourquoi les trois cents humains tassés dans cette demeure à ras de carrelage tenaient-ils si peu de place ? À quoi servait tout cet espace autour de nous ? Où vivait Dieu dans son domicile ?

Les murs vibrèrent et ces tremblements devinrent de la musique : l'orgue jouait. Les aigus me chatouillaient les oreilles. Les basses me remuaient les fesses. La mélodie s'étalait, épaisse, généreuse.

En une seconde, je compris tout : Dieu était là. Partout autour de nous. Partout au-dessus de nous. C'était lui, l'air qui vacillait[5], l'air qui

---

1. Faire.
2. Acte qui consiste à poser un genou au sol.
3. Aiguë.
4. Autour de lui.
5. Tremblait.

chantait, l'air qui rebondissait sous les voûtes, l'air qui faisait le dos rond sous la coupole. C'était lui, l'air qui se trempait aux teintes des vitraux, l'air qui brillait, l'air qui chatoyait[1], l'air qui sentait la myrrhe[2], la cire d'abeille et le sucre des lys.

J'avais le cœur plein, j'avais le cœur fort. Je respirais Dieu à pleins poumons, aux limites de l'évanouissement.

La liturgie[3] se poursuivait. Je n'y comprenais rien, je contemplais la cérémonie avec paresse et fascination. Lorsque je m'efforçais d'en saisir les paroles, le discours passait mes capacités intellectuelles. Dieu était un, puis deux – le Père et le Fils – et parfois trois – le Père, le Fils et le Saint-Esprit. Qui était le Saint-Esprit ? Un cousin ? Soudain, panique : il devenait quatre ! Le curé de Chemlay venait d'y ajouter une femme, la Vierge Marie. Embrouillé par cette multiplication subite des dieux, j'abandonnai le jeu des sept familles en me jetant sur les chansons car j'aimais bien donner de la voix[4].

Au moment où le curé parla de distribuer des gâteaux ronds, j'allais spontanément prendre ma place dans la queue lorsque mes camarades me retinrent.

– Tu n'as pas le droit. Tu es trop petit. Tu n'as pas fait ta communion.

Quoique déçu, je poussai un soupir d'aise : ils ne m'avaient pas empêché sous prétexte que j'étais juif, ça ne devait donc pas se voir.

De retour à la Villa Jaune, je courus rejoindre Rudy pour partager mon enthousiasme avec lui. N'ayant jamais assisté à une représentation théâtrale ou à un concert de musique, j'associais à la célébration catho-

---

1. Brillait.
2. Résine à l'odeur forte.
3. La cérémonie du culte.
4. Chanter fort.

lique les plaisirs du spectacle. Rudy m'écouta avec bienveillance puis hocha la tête.

– Pourtant tu n'as pas vu le plus beau…

590 – Quoi ?

Il monta prendre quelque chose dans son placard et me fit signe de le suivre au parc. Isolés sous le marronnier, à l'abri des curieux, nous nous assîmes en tailleur sur le sol et il me tendit l'objet.

D'un missel[1] en cuir chamois dont la peau me caressait avec une
595 douceur irréelle, entre les pages dont la tranche dorée évoquait les ors de l'autel, parmi les signets[2] de soie rappelant la chasuble[3] verte du prêtre, il sortit des cartes merveilleuses. Elles reproduisaient une femme, toujours la même, quoique ses traits, sa coiffure, la couleur de ses yeux et de ses cheveux changeassent. À quoi reconnaissait-on qu'il s'agissait
600 de la même ? À la lumière de son front, à la limpidité[4] de son regard, à la pâleur incroyable de son teint qui se poudrait de rose sur les joues, à la simplicité de ses longues robes plissées où elle se tenait, digne, éclatante, souveraine.

– Qui est-ce ?

605 – La Vierge Marie. La mère de Jésus. La femme de Dieu.

Pas de doute, elle était bien d'essence divine. Elle irradiait[5]. Par contagion, même le carton ne semblait plus en carton mais en meringue, d'un blanc éblouissant d'œufs montés en neige, avec, en creux et en relief, des motifs moulés qui ajoutaient leur dentelle aux bleus délicats
610 et aux roses éthérés, des pastels plus vaporeux que des nuages chatouillés par l'aube.

---

1. Livre de messe pour les offices catholiques.
2. Petits rubans marquant les pages d'un missel.
3. Robe du prêtre.
4. Clarté.
5. Semblait projeter de la lumière.

– Tu crois que c'est de l'or ?

– Bien sûr.

Je passais et repassais mon doigt sur la coiffe précieuse qui entourait

615 le paisible visage. J'effleurais de l'or. Je caressais le chapeau de Marie. La mère de Dieu me laissait faire.

Sans prévenir, les larmes emplirent mes yeux et je me laissai glisser sur le sol. Rudy aussi. Nous pleurions doucement, nos cartes de communiants sur le cœur. Nous pensions chacun à notre mère. Où était-elle ? Éprou-

620 vait-elle, en ce moment, la sérénité[1] de Marie ? Y avait-il sur son visage cet amour que nous avions vu se pencher mille fois sur nous et que nous retrouvions sur ces cartes, ou bien du chagrin, de l'angoisse, du désespoir ?

Je me mis à fredonner[2] la berceuse maternelle en balayant le ciel à travers les ramures[3]. Deux octaves en dessous, Rudy joignit son souffle

625 rauque au mien. Et c'est ainsi que le père Pons nous découvrit, deux enfants qui chantonnaient une comptine yiddish en pleurant sur des images naïves de Marie.

En sentant sa présence, Rudy s'enfuit. À seize ans, il craignait davantage que moi le ridicule. Le père Pons vint s'asseoir à mes côtés.

630 – Tu n'es pas trop malheureux, ici ?

– Non, mon père.

J'avalai mes larmes et tentai de lui faire plaisir.

– J'ai bien aimé la messe. Et je suis content d'aller cette semaine au catéchisme.

635 – Tant mieux, dit-il sans conviction.

– Je crois que, plus tard, je serai catholique.

Il me regarda avec douceur.

---

1. État de paix intense.
2. Chanter doucement.
3. Branches.

– Tu es juif, Joseph, même si tu choisis ma religion, tu le demeureras.

– Qu'est-ce que ça veut dire, être juif ?

– Avoir été élu. Descendre du peuple choisi par Dieu il y a des milliers d'années.

– Il nous a choisis pourquoi ? Parce que nous étions mieux que les autres ? Ou moins bien ?

– Ni l'un ni l'autre. Vous n'avez aucun mérite ni défaut particulier. C'est tombé sur vous, c'est tout.

– Qu'est-ce qui est tombé sur nous ?

– Une mission. Un devoir. Témoigner devant les hommes qu'il n'y a qu'un seul Dieu et, à travers ce Dieu, forcer les hommes à respecter les hommes.

– J'ai l'impression que c'est raté, non ?

Le père ne répondit pas. Je repris.

– Si nous avons été élus, c'est comme cible. Hitler veut notre peau.

– Peut-être à cause de cela ? Parce que vous êtes un obstacle à sa barbarie. C'est la mission que Dieu vous a donnée qui est singulière[1]. Pas votre peuple. Sais-tu qu'Hitler voudrait se débarrasser aussi des chrétiens ?

– Il ne peut pas, il y en a trop !

– Provisoirement, il en est empêché. Il a essayé en Autriche, il s'est vite arrêté. Cependant cela fait partie de son plan. Les juifs puis les chrétiens. Il attaque par vous. Il achèvera par nous.

Je compris que la solidarité motivait l'action du père, pas la seule gentillesse. Cela me rassura un peu. Je resongeai alors au comte et à la comtesse de Sully.

---

1. Unique.

665   – Dites-moi, mon père, si je descends d'une race de plusieurs millé-
naires, respectable et tout ça, c'est que je suis noble ?

De surprise, il marqua une pause puis murmura :

– Oui, bien sûr, tu es noble.

– C'est bien ce qui me semblait.

670   J'étais apaisé d'obtenir la confirmation de mon intuition. Le père
Pons poursuivit :

– Pour moi, tous les hommes le sont, nobles.

Je négligeai[1] cet ajout afin de ne retenir que ce qui me comblait.

Avant de partir, il me tapota l'épaule.

675   – Je vais peut-être te choquer mais je ne veux pas que tu t'intéresses
trop au catéchisme ni au culte[2]. Contente-toi du minimum, veux-tu ?

Il s'éloigna, me laissant furieux. Ainsi, parce que j'étais juif, je n'avais
pas vraiment droit au monde normal ! On ne me le prêtait que du bout
des doigts. Je ne devais pas me l'approprier[3] ! Les catholiques voulaient
680 rester entre eux, bande d'hypocrites et de menteurs !

Hors de moi, je rejoignis Rudy et laissai exploser ma colère contre le
père. Sans chercher à me calmer, il m'encouragea à prendre mes dis-
tances.

– Tu as raison de te méfier. Il n'est pas clair, ce coco. J'ai découvert
685 qu'il avait un secret.

– Quel secret ?

– Une autre vie. Une vie cachée. Une vie honteuse, sûrement.

– Quoi ?

– Non, je ne dois rien dire.

---

1. Ne fit pas attention.
2. Cérémonies.
3. Prendre pour soi.

690   Je dus harceler Rudy jusqu'au soir avant que, d'épuisement, il finisse par me confier ce qu'il avait décelé[1].

    Chaque nuit, après l'extinction des feux, lorsque les dortoirs étaient fermés, le père Pons descendait sans bruit les escaliers, déverrouillait la porte de derrière avec des précautions de cambrioleur et sortait dans le 695 parc de l'école pour ne revenir que deux ou trois heures plus tard. Pendant le temps que durait son absence, il laissait brûler une veilleuse dans son appartement afin de faire croire qu'il s'y trouvait.

    Rudy avait repéré puis vérifié ces allées et venues alors que lui-même s'échappait de son dortoir pour fumer aux toilettes.

700   – Où va-t-il ?

    – Je n'en sais rien. Nous n'avons pas le droit de sortir de la Villa.

    – Je vais le pister.

    – Toi ! Tu n'as que six ans !

    – Sept, en vérité. Presque huit.

705   – Tu seras renvoyé !

    – Tu crois qu'on va me rendre à ma famille ?

    Bien que Rudy refusât à grands cris de devenir mon complice, je lui extorquai[2] néanmoins sa montre et j'attendis le soir avec impatience, sans avoir même à lutter contre le sommeil.

710

1. Deviné.
2. Arrachai.

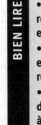

BIEN LIRE

• **L. 495-503 et 546-584 : Comment Joseph réagit-il avant d'aller à l'église ? et pendant l'office ?**

• **L. 615-628 : Quelles sensations Joseph et Rudy éprouvent-ils face aux cartes représentant Marie, la mère de Jésus ?**

• **P. 48-49 : Comment Joseph obtient-il de Rudy les renseignements qui l'intéressent à propos du père Pons ?**

À neuf heures et demie, je me faufilai entre les lits jusqu'au couloir d'où, protégé par le gros poêle[1], je vis descendre le père Pons, glissant silencieusement telle une ombre le long des murs.

Diabolique et rapide, il fit jouer les verrous ventrus[2] de la porte de derrière et se faufila dehors. Retardé par la minute qu'il me fallut pour
715 pousser le battant sans grincements, je faillis perdre la trace de sa fine silhouette fuyant entre les arbres. Était-ce bien le même homme, ce digne prêtre sauveur d'enfants, qui filait à vive allure sous une lune borgne, plus souple qu'un loup, contournant les buissons et les souches dans lesquels, moi, je prenais mes pieds nus sans sabots ? Je tremblais
720 qu'il ne me distançât. Pire, je redoutais qu'il disparût, tant il se révélait, ce soir, une créature maléfique acoquinée[3] aux plus étranges sortilèges.

Il ralentit dans la clairière où s'achevait le parc. Le mur d'enceinte s'élevait. Il n'y avait qu'une seule issue, la courte porte de fer donnant sur la route, à côté de la chapelle désaffectée. Pour moi, la poursuite
725 s'arrêterait là : je n'oserais jamais le talonner, en pyjama, les pieds glacés, dans l'obscurité de la campagne inconnue. Mais il s'approcha de l'étroite église, sortit de sa soutane[4] une clé démesurée, ouvrit la porte et la referma vivement à double tour derrière lui.

Ainsi, c'était cela, l'énigme du père Pons ? Il allait prier seul, en douce,
730 le soir au fond du jardin ? J'étais déçu. Quoi de plus insignifiant ! Quoi de moins romanesque ! Grelottant de froid, les orteils humides, je n'avais plus qu'à rentrer.

Soudain la porte rouillée s'écarta et un intrus[5], venu de l'extérieur, pénétra dans l'enceinte, un sac sur le dos. Sans hésiter, il se dirigea vers

---

1. Appareil de chauffage, souvent assez gros.
2. Gros.
3. Associée.
4. Grande robe des hommes d'Église.
5. Étranger.

735 la chapelle où il frappa plusieurs coups discrets, rythmés, qui obéissaient sans doute à un code.

Le père ouvrit, échangea avec l'inconnu quelques mots à voix basse, récupéra le sac puis se verrouilla derechef[1]. L'homme repartit sans attendre.

Je demeurai derrière mon tronc, interloqué[2]. À quel trafic se livrait 740 le père ? Que récoltait-il dans ce sac ? Je m'assis sur la mousse, le dos appuyé contre un chêne, décidé à attendre les prochaines livraisons.

Le silence de la nuit craquait de toutes parts, comme si un feu d'angoisse la consumait. Des bruits furtifs[3] crépitaient, éclats sans suite, sans explication, déchirures brèves, plaintes aussi incompréhensibles que la 745 douleur muette qui s'ensuivait. Mon cœur battait trop vite. Un étau[4] écrasait mon crâne. Ma frayeur prenait les formes de la fièvre.

Une seule chose me rassurait : le tic-tac de la montre. À mon poignet, imperturbable, amicale, le cadran de Rudy ne se laissait pas impressionner par les ténèbres et continuait à mesurer le temps.

750 À minuit, le père sortit de l'église, la boucla avec soin et reprit la direction de la Villa.

Je faillis l'arrêter au passage tant j'étais épuisé mais il se faufila si vite entre les arbres que je n'en eus pas le temps.

Au retour, je manifestai moins de prudence qu'à l'aller. J'écrasai plu- 755 sieurs fois des brindilles. À chaque claquement, le père s'arrêtait, inquiet, et scrutait les ténèbres. Parvenu à la Villa Jaune, il s'y engouffra et fit grincer les verrous derrière lui.

Me retrouver enfermé à l'extérieur du pensionnat, voilà ce que je n'avais pas prévu ! Le bâtiment se dressait droit, compact, sombre, hos-

---

1. À nouveau.
2. Surpris.
3. Légers.
4. Outil qui sert à serrer des objets.

760 tile, devant moi. Le froid et la veillée avaient épuisé mes forces. Qu'allais-je faire ? Non seulement on découvrirait le lendemain que j'avais passé la nuit dehors mais où allais-je dormir maintenant ? Serais-je encore vivant demain matin ?

Je m'assis sur les marches et me mis à pleurer. Au moins, cela me
765 réchauffait. Le chagrin me dictait une conduite : mourir ! Oui, le plus digne était de mourir, là, tout de suite.

Une main se posa sur mon épaule.

– Allez, rentre vite !

Je sursautai par réflexe. Rudy me lorgnait[1] avec un visage triste.

770 – Lorsque je ne t'ai pas vu remonter derrière le père, j'ai compris que tu avais un problème.

Bien qu'il fût mon parrain, qu'il mesurât deux mètres de haut et que je dusse lui mener la vie dure si je voulais conserver mon autorité, je me jetai dans ses bras et j'acceptai, le temps de quelques larmes, de n'avoir
775 que sept ans.

Le lendemain à la récréation, je confiai ce que j'avais découvert à Rudy. D'un air connaisseur, il lâcha son diagnostic[2] :

– Marché noir ! Comme tout le monde, il fait du marché noir. Ce n'est rien d'autre.

780 – Qu'est-ce qu'il récupère dans ce sac ?

– De quoi manger, pardi !

– Pourquoi ne le rapporte-t-il pas ici, le sac ?

Rudy buta[3] sur cette difficulté. Je continuai :

---

1. Me regardait.
2. Ici, son analyse de la situation.
3. Hésita.

– Et pourquoi passe-t-il deux heures dans la chapelle, sans une seule
785 lumière ? Que fait-il ?

Rudy chercha une idée dans sa tignasse avec ses doigts.

– Je ne sais pas moi… Peut-être qu'il mange ce qu'il y a dans le sac !

– Le père Pons mangerait pendant deux heures, maigre comme il est ?
Le contenu d'un si gros sac ? Tu crois à ce que tu dis ?

790 – Non.

Durant la journée j'observais le père Pons chaque fois que j'en avais
l'occasion. Quel mystère cachait-il ? Il simulait si bien un comportement normal que j'en venais à avoir peur de lui. Comment pouvait-on
feindre[1] à ce point ? Comment pouvait-on donner autant le change ?
795 Quelle horrible duplicité[2] ! Et s'il était le diable en soutane ?

Avant le repas du soir, Rudy bondit joyeusement vers moi.

– J'ai trouvé : il fait de la résistance. Il doit avoir camouflé un émetteur radio dans la chapelle désaffectée. Chaque soir il reçoit des informations et il les transmet.

800 – Tu as raison !

Cette idée me plut aussitôt parce qu'elle sauvait le père Pons, réha-
bilitant[3] le héros qui était venu me chercher chez les Sully.

Au crépuscule, le père Pons organisa dans la cour une partie de ballon prisonnier. Je renonçai à y jouer pour pouvoir mieux l'admirer, libre,
805 gentil, rieur, parmi les enfants qu'il protégeait des nazis. Rien de démo-
niaque ne sourdait de lui. Seule la bonté perçait. Ça crevait les yeux.

Je dormis un peu mieux les jours qui suivirent. Car, depuis mon arrivée au pensionnat, je redoutais chaque nuit. Dans mon lit de fer, au

---

1. Faire semblant.
2. Hypocrisie.
3. Rendant son honneur à.

milieu des draps froids, sous l'imposant[1] plafond de notre dortoir,
810 contre ce matelas si étroit que mes os heurtaient les ressorts métalliques
du sommier, alors que je partageais la salle avec trente camarades et un
surveillant, je me sentais plus seul que jamais. J'appréhendais[2] de m'endormir, je m'en empêchais même, et pendant ces moments de lutte, ma
compagnie ne me plaisait pas. Pire, elle me dégoûtait. Décidément, je
815 n'étais qu'une sale loque, un pou, moins qu'une bouse de vache. Je me
malmenais[3], je me grondais, je me promettais des punitions terribles.
« Si tu te laisses aller, tu devras donner ta plus belle bille, ton agate rouge,
au garçon que tu détestes le plus. Tiens, à Fernand ! » Pourtant, malgré
mes menaces, je cédais encore… J'avais beau prendre mes précautions,
820 au matin je me réveillais, les hanches collées sur une tache chaude,
humide, aux effluves[4] lourds de foin coupé dont j'aimais d'abord le
contact et l'odeur, où je me roulais même avec bonheur, jusqu'à ce que
la conscience m'arrive, épouvantable, qu'une fois de plus j'avais pissé au
lit ! J'en éprouvais d'autant plus de honte que, depuis des années, j'étais
825 parvenu à être propre. Or la Villa Jaune me faisait rétrograder[5], je ne
comprenais pas pourquoi.

Pendant quelques nuits, peut-être parce que je songeais, au moment
de sombrer, la tête sur l'oreiller, à l'héroïsme du père Pons, je réussis
à contrôler ma vessie.

830 Un dimanche après-midi, Rudy vint vers moi avec un air de conspi-
rateur.

– J'ai la clé…

---

1. Impressionnant.
2. Avais peur.
3. Traitais mal.
4. Odeurs.
5. Revenir en arrière.

– La clé de quoi ?

– La clé de la chapelle, bien sûr.

835   Nous allions pouvoir vérifier l'activité de notre héros.

Quelques minutes plus tard, essoufflés mais enthousiastes, nous pénétrions dans la chapelle.

Elle était vide.

Ni bancs, ni prie-Dieu, ni autel. Rien. Des murs crépis. Un sol pous-
840 siéreux. Des toiles d'araignées séchées, racornies[1]. Rien. Un bâtiment fatigué, sans aucun intérêt.

Nous n'osions pas nous regarder, chacun craignant de reconnaître dans la déception de l'autre la confirmation de la sienne.

– Grimpons dans le clocher. S'il y a un émetteur radio, c'est en
845 hauteur.

Nous nous envolâmes par l'escalier en colimaçon[2]. En haut, seules quelques fientes[3] de pigeons nous attendaient.

– Enfin, ce n'est pas possible !

Rudy frappait du pied. Son hypothèse s'effritait. Le père nous échap-
850 pait. Nous n'arrivions pas à cerner son mystère.

Plus grave pour moi, je ne pouvais plus me persuader qu'il était un héros.

– Rentrons.

En retraversant le bois, agités par cette question – que faisait le père,
855 chaque nuit, sans lumière, entre ces murs vides ? –, nous n'avons pas échangé un mot. Ma décision était prise : je n'attendrais pas un jour de plus pour le découvrir, d'autant que je risquais de me remettre à inon-
der mon matelas.

---

1. Ratatinées.
2. En rond.
3. Déjections.

Nuit. Mort du paysage. Silence des oiseaux.

860   À neuf heures et demie, j'étais posté dans l'escalier de la Villa, plus couvert qu'à l'occasion précédente, un foulard autour du cou, mes sabots enrobés de feutrine[1] volée à l'atelier de bricolage pour ne pas faire de bruit.

L'ombre dévala les escaliers et s'enfonça dans le parc où l'obscurité 865 avait effacé toutes les formes.

Une fois à la chapelle, je bondis dans la clairière et tambourinai[2] le code secret sur le battant de bois.

La porte s'entrebâilla et, sans attendre une réaction, je me glissai à l'intérieur.

870   – Mais…

Le père n'avait pas eu le temps de m'identifier, il avait vu passer une silhouette plus menue[3] qu'à l'ordinaire. Par réflexe, il avait fermé derrière moi. Nous nous retrouvions, tous deux, coincés dans la pénombre, sans distinguer les traits ni même les contours de l'autre.

875   – Qui est là ? cria le père.

Affolé par mon audace, je ne parvins pas à répondre.

– Qui est là ? répéta le père, cette fois-ci, d'une voix menaçante.

J'avais envie de fuir. Un grattement se produisit, une flamme jaillit. Le visage du père Pons se dessina derrière une allumette, altéré[4], tordu, 880 inquiétant. Je reculai. La flamme s'approcha.

– Quoi ? C'est toi, Joseph ?

– Oui.

– Comment as-tu osé quitter la Villa ?

---

1. Tissu épais.
2. Frappai vivement.
3. Mince.
4. Transformé.

– Je veux savoir ce que vous faites ici.

En une longue phrase sans respiration, je lui rapportai mes doutes, mes poursuites, mes questions, l'église vide.

– Repars immédiatement au dortoir.

– Non.

– Tu vas m'obéir.

– Non. Si vous ne me dites pas ce que vous faites, je me mets à crier et votre complice saura que vous n'avez pas su rester discret.

– C'est du chantage, Joseph.

À ce moment, les coups retentirent à la porte. Je me tus. Le père ouvrit, passa la tête dehors, récupéra un sac après un bref conciliabule[1].

Lorsque le livreur clandestin s'éloigna, je conclus :

– Vous avez vu, je me suis tu. Je suis avec vous, pas contre vous.

– Je ne tolère pas les espions, Joseph.

Un nuage délivra la lune qui fit tomber une lumière bleue dans la pièce, rendant nos visages gris mastic. Je trouvai soudain le père trop élancé, trop maigre, un point d'interrogation tracé au charbon sur la paroi, presque la caricature du méchant juif que les nazis affichaient sur les murs de notre quartier, l'œil inquiétant à force d'être vif. Il sourit.

– Après tout : viens !

M'attrapant la main, il me conduisit à la travée[2] gauche de la chapelle où il déplaça une vieille carpette[3] raide de crasse. Au sol, un anneau apparut. Le père le souleva. Une dalle s'ouvrit.

Des marches descendaient dans le corps noir de la terre. Sur la première, une lampe à huile attendait. Le père l'alluma et pénétra lentement dans la gueule souterraine, m'intimant l'ordre de le suivre.

---

1. Discussion.
2. Allée.
3. Tapis.

910   – Qu'y a-t-il sous une église, mon petit Joseph ?

        – Une cave ?

        – Une crypte[1].

        Nous arrivions aux derniers degrés. Une odeur fraîche de champi-
gnons soufflait des profondeurs. L'haleine de la terre ?

915   – Et qu'y a-t-il dans ma crypte ?

        – Je ne sais pas.

        – Une synagogue[2].

        Il alluma quelques bougies et je découvris la synagogue secrète que
le père avait aménagée. Sous un manteau de riches étoffes brodées, il
920 conservait un rouleau de la Torah[3], un long parchemin couvert de l'écriture sacrée. Une photo de Jérusalem marquait la direction où se tourner pour prier, car c'est par cette ville que les prières remontent à Dieu.

        Derrière nous, des étagères supportaient un amoncellement[4] d'objets.

        – Qu'est-ce que c'est ?

925   – Ma collection.

        Il désigna des livres de prières, des poèmes mystiques[5], des com-
mentaires de rabbins[6], des chandeliers à sept ou à neuf branches. À côté
d'un gramophone[7], s'empilaient des galettes de cire noire.

        – C'est quoi, ces disques ?

930   – Des musiques de prières, des chants yiddish. Sais-tu qui fut le premier collectionneur de l'histoire humaine, mon petit Joseph ?

        – Non !

---

1. Caveau souterrain.
2. Lieu de prière et de culte pour les juifs.
3. Livre sacré de la religion hébraïque.
4. Une grande quantité.
5. Relatif à la religion, aux mystères.
6. Chefs religieux d'une communauté juive.
7. Ancêtre du tourne-disque.

– C'était Noé.

– Connais pas.

935 – Il y a très longtemps, des pluies incessantes s'abattirent sur le monde. L'eau crevait les toits, fendait les murs, détruisait les ponts, recouvrait les routes, gonflait les fleuves et les rivières. De gigantesques crues emportèrent les villages et les villes. Les survivants se retranchèrent en haut des montagnes qui, au début, offrirent un refuge sûr 940 mais qui, sous l'effet du ruissellement et des infiltrations, se lézardèrent[1], puis se brisèrent en blocs. Un homme, Noé, pressentit que notre planète allait être entièrement recouverte par les eaux. Alors il commença une collection. Avec le secours de ses fils et ses filles, il s'arrangea pour trouver un mâle et une femelle de chaque espèce vivante, un renard et 945 une renarde, un tigre et une tigresse, un faisan et une faisane, un couple d'araignées, d'autruches, de serpents… ne négligeant que les poissons et les mammifères marins qui, eux, proliféraient[2] dans l'océan grossissant. En même temps, il construisit un immense bateau et, lorsque les eaux s'élevèrent jusqu'à lui, il chargea sur son navire tous les animaux 950 et les humains qui restaient. L'arche de Noé navigua plusieurs mois sans but sur la surface de l'immense mer qu'était devenue la terre. Puis les pluies cessèrent. L'eau décrut[3] doucement. Noé craignait de ne plus pouvoir nourrir les habitants de son arche. Il libéra une colombe qui revint en tenant une feuille d'olivier fraîche dans son bec, signalant que 955 la crête des montagnes pointait enfin au-dessus des vagues. Il comprit qu'il avait gagné son pari fou : sauver toutes les créatures de Dieu.

– Pourquoi Dieu ne les a-t-il pas sauvées lui-même ? Il s'en foutait ? Il était parti en vacances ?

---

1. Présentèrent des fissures.
2. Se multipliaient.
3. Diminua.

– Dieu a créé l'univers une fois pour toutes. Il a fabriqué l'instinct
960 et l'intelligence afin que nous nous débrouillions sans lui.

– Noé, c'est votre modèle ?

– Oui. Comme lui, je collectionne. Dans mon enfance, j'ai vécu au
Congo belge où mon père était fonctionnaire ; les Blancs méprisaient
tant les Noirs que j'avais entamé une collection d'objets indigènes[1].

965 – Où est-elle ?

– Au musée de Namur. Aujourd'hui, grâce aux peintres, c'est devenu
à la mode : on appelle ça l'« art nègre ». Actuellement, j'ai deux collec-
tions en cours : ma collection tzigane et ma collection juive. Tout ce
que Hitler veut anéantir.

970 – Feriez pas mieux de tuer Hitler ?

Sans me répondre, il m'emmena vers les volumes entassés.

– Chaque soir, je me retire pour méditer les livres juifs. Et la journée, au bureau, j'apprends l'hébreu. On ne sait jamais…

– On ne sait jamais quoi ?

975 – Si le déluge continue, s'il ne reste plus un juif parlant l'hébreu dans
le cosmos, je pourrai te l'apprendre. Et tu le transmettras.

J'approuvai de la tête. Pour moi, vu l'heure tardive, le décor fantas-
tique de la crypte, caverne d'Ali Baba vacillante sous le tremblement des
chandelles, il s'agissait autant d'un jeu que d'une réalité. D'une voix clai-
980 ronnante, je m'exclamai avec ferveur[2] :

– Alors on dirait que vous seriez Noé et que je serais votre fils !

Ému, il s'agenouilla devant moi. Je sentais qu'il voulait m'embrasser
mais qu'il n'osait pas. C'était bon.

– Nous allons conclure un marché, veux-tu ? Toi, Joseph, tu feras
985 semblant d'être chrétien, et moi je ferai semblant d'être juif. Tu iras

---

1. Propres à la culture locale.
2. Passion.

à la messe, au catéchisme, tu apprendras l'histoire de Jésus dans le Nouveau Testament, tandis que moi, je te raconterai la Torah, la Michna[1], le Talmud[2], et nous dessinerons ensemble les lettres de l'hébreu. Veux-tu ?

990   – Tope là !

   – C'est notre secret, le plus grand des secrets. Toi et moi pourrions mourir de trahir ce secret. Juré ?

   – Juré.

Je reproduisis le mouvement alambiqué[3] que m'avait appris Rudy en 995 guise de serment et je crachai par terre.

À partir de cette nuit-là, j'eus droit à une double vie clandestine auprès du père Pons. Je cachai à Rudy mon expédition nocturne et m'arrangeai pour qu'il s'interrogeât moins sur le comportement du père en détournant son attention sur Rosa, l'aide-cuisinière, une belle fille 1000 blonde de seize ans, nonchalante, qui assistait l'économe[4]. Je prétendis qu'elle fixait Rudy chaque fois qu'il ne la regardait pas. Rudy tomba tête baissée dans le piège et devint obsédé par Rosa. Il adorait soupirer sur des amours hors de sa portée.

Pendant ce temps, j'apprenais l'hébreu aux vingt-deux consonnes 1005 et aux douze voyelles, et, surtout, je repérais sous les apparences officielles les véritables préceptes[5] qui gouvernaient notre pensionnat. Par

---

1. et 2. Textes sacrés de la religion juive.
3. Compliqué.
4. Intendant, chargé des dépenses.
5. Règles.

BIEN LIRE

- **P. 51-52 : Qui vient aider Joseph la nuit où il suit le père Pons ?**
- **L. 777-807 : Comment justifient-ils l'attitude du père ?**
- **L. 808-830 : Qu'est-ce qui angoisse Joseph avant la nuit ?**
- **P. 58-61 : Que fait le père Pons dans la crypte ?**

une astuce de règlement, le père Pons faisait en sorte que nous respections le shabbat : le repos était obligatoire le samedi. Nous ne pouvions rédiger nos devoirs et apprendre nos leçons que le dimanche, après les vêpres[1].

1010

— Pour les juifs, la semaine démarre le dimanche, pour les chrétiens le lundi.

— Comment ça se fait, mon père ?

— Dans la Bible – que doivent lire autant les juifs que les chrétiens – il est dit que Dieu, lorsqu'il créa le monde, œuvra six jours et se reposa le septième. Nous devons l'imiter. Le septième jour, selon les juifs, c'est le samedi. Plus tard, les chrétiens, afin de se distinguer des juifs qui ne voulaient pas reconnaître Jésus comme le Messie, assurèrent que c'était le dimanche.

1015

— Qui a raison ?

1020

— Quelle importance ?

— Dieu, il ne pourrait pas dire ce qu'il pense aux hommes ?

— Ce qui est important, ce n'est pas ce que Dieu pense des hommes mais ce que les hommes pensent de Dieu.

— Mouais… ce que je vois, moi, c'est que Dieu, il a bossé six jours et puis depuis, plus rien !

1025

Le père éclatait de rire lorsque je m'indignais. Éternellement je cherchais à minorer[2] les différences entre les deux religions afin de les ramener à une seule ; toujours, il me retenait de simplifier.

— Joseph, tu aimerais savoir laquelle des deux religions est la vraie. Mais aucune des deux ! Une religion n'est ni vraie ni fausse, elle propose une façon de vivre.

1030

---

1. Heure de l'office dans l'après-midi.
2. Diminuer.

– Comment voulez-vous que je respecte les religions si elles ne sont pas vraies ?

– Si tu ne respectes que la vérité, alors tu ne respecteras pas grand-chose. 2 + 2 = 4, voilà ce qui sera l'unique objet de ton respect. À part ça, tu vas affronter des éléments incertains : les sentiments, les normes, les valeurs, les choix, autant de constructions fragiles et fluctuantes[1]. Rien de mathématique. Le respect ne s'adresse pas à ce qui est certifié mais à ce qui est proposé.

En décembre, le père mena un double jeu pour que nous célébrions en même temps la fête chrétienne de Noël et la fête juive d'Hanoukka, duplicité que seuls les enfants juifs devinaient. D'un côté, nous commémorions la naissance de Jésus, décorions la crèche du village et participions aux offices[2]. De l'autre, nous devions travailler à un « atelier de bougies » où nous apprenions à préparer les mèches, fondre la cire, la colorer, mouler les chandelles ; au soir, nous allumions nos œuvres en les exposant aux fenêtres ; les enfants chrétiens recevaient ainsi la récompense de leurs efforts tandis que nous, les enfants juifs, nous pouvions accomplir à la dérobée le rite d'Hanoukka, la fête des Lumières, période de jeux et de cadeaux qui exige des aumônes[3] et l'allumage des mèches au crépuscule. Nous, les enfants juifs… Combien étions-nous à la Villa Jaune ? Et qui ? Excepté le père, personne ne le savait. Lorsque mes soupçons se portaient sur un camarade, je m'interdisais d'aller plus loin. Mentir et laisser mentir. Par là passait notre salut à tous.

En 1943, la police fit plusieurs irruptions à la Villa Jaune. À chaque fois, une classe d'âge subissait un contrôle d'identité. Vrais ou faux, nos

1. Qui se modifient sans cesse.
2. Cérémonies religieuses.
3. Dons.

papiers tenaient la route. La fouille systématique de nos placards ne livrait rien non plus. Personne ne fut arrêté.

1060   Cependant, le père s'inquiétait.

– Pour l'instant, il ne s'agit que de la police belge, je connais ces gars-là, sinon eux, du moins leurs parents ; lorsqu'ils me voient, ils n'osent pas trop insister. Mais on m'a dit que la Gestapo opérait des descentes inopinées[1]…

1065   Néanmoins, après chaque alerte, la vie retrouvait son cours. Nous mangions peu et mal, des plats de châtaignes, des pommes de terre, des soupes où les navets se couraient après, en dessert du lait fumant. Nous autres, les pensionnaires, nous avions l'habitude de fracturer le placard de celui auquel le facteur apportait un paquet ; ainsi, nous récupérions 1070 parfois une boîte de gâteaux, un pot de confiture, du miel qu'il fallait absorber au plus vite sous peine de se le refaire dérober.

Au printemps, sur une leçon d'hébreu qu'il me donnait dans son bureau fermé à double tour, le père Pons n'arrivait pas à se concentrer. Le front plissé, il n'entendait même plus mes questions.

1075   – Qu'est-ce que vous avez, mon père ?

– La période des communions approche, Joseph. Je suis inquiet. Il est impossible que les pensionnaires juifs qui ont l'âge de faire leur communion l'accomplissent avec les chrétiens. Je n'en ai pas le droit. Ni par rapport à eux, ni par rapport à ma religion. C'est sacrilège[2]. Comment 1080 vais-je m'y prendre ?

Je n'hésitai pas une seconde.

– Demandez à Mademoiselle Marcelle.

---

1. Surprises.
2. Offense à la religion.

— Pourquoi dis-tu ça ?

— S'il y a quelqu'un qui se dévouera pour empêcher une communion, c'est Sacrebleu, non ?

Il sourit de ma proposition.

Le lendemain, j'eus le droit de l'accompagner à la pharmacie de Chemlay.

— Qu'il est mignon, ce gosse, grogna Mademoiselle Marcelle en me voyant. Tiens, attrape !

Elle me jeta une pastille au miel.

Pendant que mes dents se débattaient avec cette friandise, le père Pons lui exposa la situation.

— Sacrebleu, pas de problème, monsieur Pons : je vais vous donner un coup de main. Combien sont-ils ?

— Douze.

— Vous n'avez qu'à prétendre qu'ils sont malades ! Hop ! Les douze consignés à l'infirmerie.

Le père réfléchit.

— On va remarquer leur absence. Elle les désignera.

— Pas si l'on dit qu'il y a une épidémie…

— Même. On s'interrogera.

— Alors il faut ajouter un ou deux garçons au-dessus de tout soupçon. Tenez, le fils du bourgmestre, par exemple. Mieux, le fils des Brognard, ces crétins qui ont mis la photo d'Hitler dans la vitrine de leur fromagerie.

— Bien sûr ! Cependant, on ne rend pas quatorze garçons malades comme ça…

— Taratata, je m'en occupe.

1110   Que fit Sacrebleu ? Sous prétexte d'une visite médicale, elle vint à l'infirmerie et examina le groupe de postulants[1] communiants. Deux jours plus tard, le ventre déchiré par la diarrhée, le fils du bourgmestre et le fils Brognard, alités[2], restèrent au bercail[3] et ne purent se rendre en cours. Sacrebleu vint décrire les symptômes au père qui demanda aux 1115 douze communiants juifs de les simuler.

    La communion étant prévue pour le lendemain, on consigna les douze pseudo-malades trois jours à l'infirmerie.

    La cérémonie eut lieu dans l'église de Chemlay, un office majestueux où les orgues ronflèrent plus que jamais. J'enviai beaucoup mes cama- 1120 rades en aube[4] blanche de participer à un tel spectacle. Au fond de moi, je me promis d'être un jour à leur place. Le père Pons avait beau m'enseigner la Torah, rien ne m'émouvait autant que le rite catholique avec ses ors, ses fastes[5], ses musiques et ce Dieu immense et aérien qui se tenait, bienveillant, au plafond.

1125   De retour à la Villa Jaune pour partager un frugal[6] banquet qui nous sembla pantagruélique[7] tant nous étions affamés, j'eus la surprise d'apercevoir Mademoiselle Marcelle au milieu du hall. Sitôt que le père la vit, il disparut avec elle dans son bureau.

    Le soir même, j'appris de lui la catastrophe que nous avions frôlée.

1130   Pendant la communion, la Gestapo avait fait irruption au pensionnat. Les nazis avaient sans doute exercé le même raisonnement que le père Pons : l'absence à la cérémonie des enfants en âge de communier les dénonçait.

---

1. Ici, futurs ; qui prétendent à devenir.
2. Au lit.
3. À la maison.
4. Robe blanche du communiant.
5. Luxe.
6. Peu abondant.
7. Un vrai festin, digne d'un géant.

Fort heureusement, Mademoiselle Marcelle montait la garde devant l'infirmerie. Lorsque, des dortoirs vides, les nazis déboulèrent au dernier étage, elle se mit à tousser et cracher « d'une façon répugnante », selon ses mots. Lorsqu'on savait l'effet que faisait la très laide Sacrebleu au naturel, on frémissait en songeant à ce qui advenait[1] lorsqu'elle exagérait. Sans s'opposer à leur demande, elle leur ouvrit la porte de l'infirmerie en les prévenant que les gosses étaient horriblement contagieux. À ces mots, elle ajouta un éternuement mal contrôlé et les visages nazis reçurent une douche de crachats.

S'essuyant la face avec inquiétude, les gestapistes tournèrent hâtivement les talons et quittèrent le pensionnat. Après le départ des voitures noires, Mademoiselle Marcelle avait passé deux heures à se tordre de rire sur un lit de l'infirmerie, ce qui, selon mes camarades, s'était révélé d'abord assez horrible puis épidémique.

Bien qu'il ne laissât rien percer[2], je sentais le père Pons de plus en plus soucieux.

– Je crains une fouille corporelle, Joseph. Que pourrais-je faire si les nazis vous font déshabiller pour repérer les circoncis ?

J'approuvai de la tête avec une grimace signifiant que je partageais son désarroi[3]. En vérité, je n'avais pas compris de quoi il me parlait. Les circoncis ? Rudy, interrogé par moi, se mit à ricaner avec le gloussement qu'il émettait lorsqu'il parlait de la belle Dora, comme s'il frappait un sac de noix contre sa poitrine.

– Tu rigoles ! Tu ne sais pas ce qu'est la circoncision ? Tu n'ignores tout de même pas que tu l'es ?

---

1. Se passait.
2. Ici, voir.
3. Inquiétude.

– Quoi ?

1160   – Circoncis !

La conversation prenait un tour qui me déplaisait : voilà que j'étais de nouveau doté[1] d'une particularité qui m'échappait ! Comme si ça ne suffisait pas d'être juif !

– Ton zizi, il a la peau qui ne descend pas jusqu'au bout ?

1165   – Évidemment.

– Eh bien, les chrétiens, eux, ont de la peau qui pend en dessous. On ne voit pas le bout rond.

– Comme les chiens ?

– Oui. Exactement comme les chiens.

1170   – Alors, c'est donc bien vrai que nous appartenons à une race à part !

L'information m'effondra[2] : mes espoirs de devenir chrétien se volatilisaient. À cause d'un bout de peau que personne ne voyait, j'étais condamné à rester juif.

– Mais non, crétin, reprit Rudy, ça n'a rien de naturel, il s'agit d'une
1175 intervention chirurgicale : on t'a fait ça quelques jours après ta naissance. C'est le rabbin qui t'a coupé la peau.

– Pourquoi ?

– Pour que tu sois comme ton père.

– Pourquoi ?

1180   – Parce que c'est comme ça depuis des milliers d'années !

– Pourquoi ?

----

1. En possession.
2. Me désespéra.

BIEN LIRE

• **L. 997-1004 : Comment Joseph détourne-t-il l'attention de Rudy du père Pons ?**

• **P. 64-66 : Qui les aide à « échapper » à la communion ? Comment ?**

• **L. 1162-1174 : Pourquoi Joseph est-il désespéré quand il découvre qu'il est circoncis ?**

Cette découverte me sidérait[1]. Le soir même, je me retirai à l'écart et passai de longues minutes à examiner mon appendice[2] à la peau douce et rose sans que cela ne m'apprît rien. Je ne parvenais pas à imaginer qu'on pût en avoir un dissemblable[3]. Les jours suivants, pour m'assurer que Rudy ne mentait pas, je stationnai aux toilettes de la cour, employant le temps de la récréation à me laver et à me relaver les mains devant les lavabos ; l'œil en coin, j'essayais d'entrevoir, dans les urinoirs voisins, le sexe de mes camarades au moment où ils le sortaient de leurs pantalons ou le rentraient ! Très vite, je pus vérifier que Rudy ne m'avait pas menti.

– Rudy, c'est ridicule ! Chez les chrétiens, ça se termine par une peau fine, resserrée et plissée, on dirait le bout d'un ballon gonflable là où on fait le nœud. Et puis il n'y a pas que ça : ils passent plus de temps que nous à pisser, ils se secouent le zizi après. On dirait qu'ils lui en veulent. Ils se punissent ?

– Non, ils font partir les gouttes avant de capuchonner. Il leur est moins facile qu'à nous de rester propres. S'ils ne font pas attention, ils peuvent attraper plein de microbes qui puent et qui font mal.

– Et c'est quand même nous qu'on chasse ? Tu comprends ça, toi ?

En revanche, j'avais saisi le problème du père Pons. Je perçus[4] alors les formules invisibles qui organisaient la douche hebdomadaire : le père établissait des listes qu'il vérifiait lui-même en faisant l'appel, selon lesquelles dix élèves, plusieurs âges confondus, passaient nus du vestiaire à la salle d'eau commune sous sa seule surveillance. Chaque groupe se révélait homogène. Jamais un non-juif n'avait l'occasion d'apercevoir un juif et vice versa, la nudité demeurant interdite et punie en tout autre

---

1. Me stupéfiait.
2. Ici, le sexe.
3. Différent.
4. Compris.

lieu. Ainsi pouvais-je désormais aisément deviner qui se cachait à la Villa
Jaune. De ce jour, j'en tirai les conséquences pour moi-même et je pris
l'habitude de soulager ma vessie derrière une porte verrouillée, évitant
1210 à jamais les urinoirs. Je tentai même de corriger l'opération qui m'avait
estropié[1] : je consacrais mes moments de solitude à manipuler ma peau
pour qu'elle retrouve son aspect de naissance et recouvre mon gland. En
vain ! Tirée sans ménagement, elle remontait à chaque fin de séance sans
qu'un progrès notable[2] ne s'inscrivît jour après jour.

1215   – Que faire si la Gestapo vous fait déshabiller, Joseph ?

Pourquoi le père Pons mettait-il dans la confidence le plus jeune de
ses pensionnaires ? M'estimait-il plus vaillant que les autres ? Avait-il
besoin de rompre le silence ? Souffrait-il de porter seul ses angoissantes
responsabilités ?

1220   – Hein, Joseph, si la Gestapo vous obligeait à baisser vos pantalons ?

La réponse faillit nous emporter, tous, durant le mois d'août 1943.
L'école, officiellement fermée, était transformée en colonie de vacances
pour l'été. Ceux qui n'avaient pas de familles d'accueil logeaient au pensionnat jusqu'à la rentrée. Nous, plutôt que des abandonnés, nous nous
1225 sentions des princes : la Villa Jaune nous appartenait, la saison prodigue[3]
en fruits apaisait un peu notre constante fringale[4]. Aidé de quelques
jeunes séminaristes[5], le père Pons nous consacrait son temps. Nous alter-
nions promenades, feux de camp, jeux de ballon et films de Charlot
projetés sur un drap blanc tendu à la nuit sous le préau. Quoique dis-
1230 crets à l'égard de nos surveillants, nous n'avions plus à prendre de précautions entre nous : nous étions tous juifs. Par gratitude envers le père,

---

1. Mutilé.
2. Très visible.
3. Riche.
4. Faim.
5. Jeunes hommes qui se préparent à devenir des hommes d'Église.

il fallait voir avec quelle énergie nous assistions au seul cours qui sub-
sistait, le cours de catéchisme, avec quel enthousiasme nous chantions
au service divin, avec quelle ivresse nous construisions, lors des matinées pluvieuses, crèche et santons pour le Noël à venir.

Un jour qu'un match de foot avait mis les sportifs en nage, le père
ordonna une douche immédiate.

Les grands venaient d'y passer, les moyens aussi. Restait le groupe des
petits dont je faisais partie.

Nous nous trouvions une vingtaine à crier et jouer sous les pommes[1]
d'eau fraîche lorsqu'un officier allemand pénétra dans le vestiaire.

L'officier blond entra, les enfants se pétrifièrent[2], les voix se turent,
le père Pons devint plus pâle que les carreaux. Tout se figea, sauf les jets
d'eau qui continuaient, joyeux, inconscients, à se déverser sur nous.

L'officier nous inspecta. D'instinct, certains couvrirent leur sexe, un
geste de pudeur normale qui survenait trop tard pour ne pas devenir un
aveu.

L'eau ruisselait. Le silence suait à grosses gouttes.

L'officier venait de percer notre identité. Un rapide mouvement de
ses prunelles indiquait qu'il réfléchissait. Le père Pons fit un pas et
demanda d'une voix mal timbrée[3] :

– Vous cherchez ?

L'officier exposa en français la situation. Depuis le matin, sa troupe
poursuivait un résistant qui, dans sa fuite, avait escaladé le mur du parc ;
il cherchait donc chez nous où l'intrus avait pu se dissimuler.

– Vous voyez que votre fugitif ne se cache pas là, dit le père Pons.

– Je le vois bien, en effet, répondit l'officier avec lenteur.

---

1. Embouts du jet de douche.
2. S'immobilisèrent.
3. Incertaine, qui manque de fermeté.

Un silence se réinstalla, lourd de craintes et de menaces. Je saisis que mon existence allait s'arrêter là. Encore quelques secondes, et nous 1260 allions sortir en rang, nus, humiliés, monter dans un camion qui nous conduirait je ne sais où.

Des pas retentirent à l'extérieur. Bruits de bottes. Fers percutant les pavés. Cris gutturaux[1].

L'officier à l'uniforme vert-de-gris se précipita vers la porte et l'en-1265 trebâilla.

– Il n'est pas là. Cherchez ailleurs. *Schnell !*

Déjà, le battant se refermait et la troupe s'éloignait.

L'officier regarda le père Pons dont les lèvres tremblaient. Certains commencèrent à pleurer. Je claquais des dents.

1270 Je crus d'abord que l'officier saisissait son revolver à sa ceinture. En fait, il tirait son portefeuille.

– Tenez, dit-il au père Pons en lui tendant un billet, vous achèterez des bonbons pour les enfants.

Comme le père Pons, médusé[2], ne réagissait pas, l'officier lui fourra 1275 de force les cinq francs dans la main, nous sourit en clignant de l'œil, toqua ses talons et s'esquiva[3].

Combien de temps dura le silence après son départ ? Combien de minutes nous fallut-il pour comprendre que nous étions sauvés ? Certains continuaient à pleurer parce que la terreur ne les quittait plus ; 1280 d'autres demeuraient tétanisés[4], interloqués[5] ; d'autres roulaient des yeux qui demandaient « Tu y crois, toi, tu y crois ? ».

---

1. Graves, profonds.
2. Incapable de bouger.
3. S'en alla.
4. Immobiles.
5. Sous le choc.

Le père Pons, le visage cireux[1], les lèvres blanches, s'écroula brutalement sur le sol. Les genoux sur le ciment trempé, il se balançait d'avant en arrière en prononçant des phrases confuses, les yeux fixes, terribles. Je me précipitai sur lui et le serrai contre mon corps humide, d'un geste protecteur, ainsi que je l'aurais fait avec Rudy.

J'entendis alors la phrase qu'il répétait :

– Merci, mon Dieu. Merci, mon Dieu. Pour mes enfants, merci.

Puis il vira vers moi, sembla découvrir ma présence, et, sans retenue, éclata en sanglots dans mes bras.

Certaines émotions se révèlent si puissantes que, heureuses ou malheureuses, elles nous brisent. Le soulagement du père nous bouleversa tant que, par contagion, quelques minutes plus tard, douze garçonnets juifs nus comme des vers et un prêtre en soutane, agglomérés[2] les uns aux autres, trempés, à bout de nerfs, riaient et pleuraient à la fois.

Une joie diffuse emporta les jours suivants. Le père souriait en permanence. Il me confessa avoir puisé, dans ce dénouement, un regain de confiance.

– Vous croyez vraiment que c'est Dieu qui nous a aidés, mon père ?

Je profitais de ma leçon d'hébreu pour poser les questions qui me taraudaient[3]. Le père me contempla avec bienveillance.

– Franchement non, mon petit Joseph. Dieu ne se mêle pas de ça. Si je me sens bien depuis la réaction de cet officier allemand, c'est que j'ai regagné un peu de foi en l'homme.

---

1. Blême.
2. Collés.
3. Obsédaient.

BIEN LIRE

• **L. 1246-1277 : Quelle réaction l'officier a-t-il en voyant les enfants ?**
• **Que fait le père Pons après cette visite ? Comment explique-t-il ce dénouement ?**

1305   – Moi, je pense que c'est grâce à vous. Dieu vous a à la bonne.

– Ne dis pas de sottises.

– Vous ne croyez pas que si l'on se montre pieux[1], un bon juif ou un bon chrétien, rien ne peut nous arriver ?

– D'où tires-tu une idée aussi bête ?

1310   – Du catéchisme. Le père Boniface…

– Stop ! Dangereuse niaiserie[2] ! Les humains se font du mal entre eux et Dieu ne s'en mêle pas. Il a créé les hommes libres. Donc nous souffrons et nous rions indépendamment de nos qualités ou de nos défauts. Quel rôle horrible veux-tu attribuer à Dieu ? Peux-tu une seconde imaginer que celui qui échappe aux nazis est aimé de Dieu, tandis que celui qui est capturé en est détesté ? Dieu ne se mêle pas de nos affaires.

– Vous voulez dire que, quoi qu'il arrive, Dieu s'en fout ?

– Je veux dire que, quoi qu'il arrive, Dieu a achevé sa tâche. C'est notre tour désormais. Nous avons la charge de nous-mêmes.

---

1. Bon croyant.
2. Bêtise.

Une deuxième année scolaire commença.

Rudy et moi devenions de plus en plus proches. Parce que nous différions en tout – âge, taille, soucis, attitude – chacune de nos divergences, loin de nous séparer, nous faisait sentir à quel point nous nous aimions. Je l'aidais à éclaircir ses idées confuses[1] tandis que lui me protégeait des bagarres par sa stature[2] et surtout sa réputation de mauvais élève. « On ne peut rien en tirer, répétaient les professeurs, une tête plus dure, on n'en a jamais rencontré. » L'imperméabilité totale de Rudy aux études nous semblait admirable. De nous, les enseignants parvenaient toujours « à tirer quelque chose », ce qui révélait notre nature vile[3], corrompue, ouverte de façon suspecte aux compromis. De Rudy, ils n'obtenaient rien. Cancre parfait, pur, inaltérable[4], intègre, il leur opposait une résistance absolue. Il devenait le héros de cette autre guerre, celle des élèves contre les maîtres. Et les sanctions disciplinaires s'abattaient si souvent sur lui que sa tête hagarde[5] et décoiffée s'auréolait d'un mérite supplémentaire : la palme du martyre[6].

Un après-midi où il était consigné, alors que je lui passais par la fenêtre un morceau de pain volé, je lui demandai pourquoi, même puni, il demeurait doux, inébranlable[7] et refusait d'apprendre. Il se déboutonna :

– Nous sommes sept dans ma famille : deux parents, cinq enfants. Tous des intellectuels sauf moi. Mon père avocat, ma mère pianiste de concert renommée jouant avec les meilleurs orchestres, mes frères et sœurs déjà diplômés à vingt ans. Rien que des cerveaux… Tous

---

1. Peu claires.
2. Taille.
3. Ici, faible.
4. Que l'on ne peut changer.
5. Qui semble égarée.
6. Souffrance infligée au nom d'une idée.
7. Qui ne change pas.

arrêtés ! Emmenés dans un camion ! Ils ne croyaient pas que ça pouvait
25 leur arriver, c'est pourquoi ils ne s'étaient pas cachés. Des gens si intel-
ligents, si respectables. Moi, ce qui m'a sauvé, c'est que je ne me trou-
vais ni à l'école ni chez nous ! Je traînais dans les rues. Rescapé parce
que j'étais en balade… Alors les études…

– Tu penses que j'ai tort d'apprendre mes leçons ?

30 – Non, pas toi, Joseph. Toi, tu en as les moyens et puis tu as encore
la vie devant toi…

– Rudy, tu n'as pas seize ans…

– Oui, c'est déjà trop tard…

Il avait beau n'en pas dire davantage, je comprenais que lui aussi
35 éprouvait de la fureur envers les siens. Même s'ils avaient disparu, même
s'ils ne nous répondaient pas, nos parents jouaient sans cesse un rôle
dans notre existence à la Villa Jaune. Moi, je leur en voulais ! Je leur en
voulais d'être juif, de m'avoir fait juif, de nous avoir exposés au danger.
Deux inconscients ! Mon père ? Un incapable. Ma mère ? Une victime.
40 Victime d'avoir épousé mon père, victime de n'avoir pas mesuré sa pro-
fonde faiblesse, victime de n'être qu'une femme tendre et dévouée. Si je
méprisais ma mère, je lui pardonnais néanmoins, car je ne pouvais
m'empêcher de l'aimer. En revanche, une solide haine m'habitait à l'en-
contre de mon père. Il m'avait forcé à devenir son fils sans se révéler
45 capable de m'assurer un sort décent. Pourquoi n'étais-je pas le fils du
père Pons ?

Un après-midi de novembre 1943, grimpés sur la branche d'un vieux
chêne, dominant la campagne qui étalait ses champs sous nos yeux, nous
tentions, Rudy et moi, de repérer dans l'écorce les nids où hibernaient
50 les écureuils. Nos pieds affleuraient[1] le haut mur qui entourait le parc ;

---

1. Étaient au niveau.

si nous l'avions voulu, nous aurions pu nous échapper, sauter sur le sentier bordant l'enceinte, et nous enfuir. Mais pour aller où ? Rien ne valait la sécurité de la Villa Jaune. Nous limitions nos aventures à son enclos. Alors que Rudy se hissait plus haut, je stationnai assis sur la première fourche et, de là, je crus apercevoir mon père.

Un tracteur descendait la route. Il allait passer près de nous. Un homme le conduisait. Quoique dépourvu de barbe et habillé en paysan, il ressemblait suffisamment à mon père pour que je le reconnaisse. D'ailleurs, je le reconnus.

Je demeurais paralysé. Je ne voulais pas de cette rencontre. « Pourvu qu'il ne me voie pas ! » Je retins ma respiration. Le tracteur crachota sous notre arbre et poursuivit son cheminement vers la vallée. « Ouf, il ne m'a pas vu ! » Cependant il n'était qu'à dix mètres et je pouvais encore l'appeler, le rattraper.

La bouche sèche, retenant ma respiration, j'attendis que le véhicule devînt minuscule et inaudible[1] au loin. Quand je fus certain qu'il avait disparu, je revins à la vie : j'expirai, je clignai des yeux, je m'ébrouai[2]. Rudy flaira mon trouble.

– Que t'arrive-t-il ?

– J'ai cru voir quelqu'un que je connaissais sur le tracteur.

– Qui ?

– Mon père.

– Mon pauvre Joseph, c'est impossible !

Je secouai la tête pour essorer[3] mon crâne de ces pensées idiotes.

– Évidemment que c'est impossible…

1. Que l'on n'entend pas.
2. Secouai.
3. Ici, vider.

Désirant que Rudy me prenne en pitié, je me composai la mine d'un enfant déçu. En réalité, j'étais ravi d'avoir évité mon père. D'ailleurs, était-ce lui ? Rudy devait avoir raison. Nous vivrions à quelques kilomètres les uns des autres sans le savoir ? Invraisemblable ! Le soir même, j'étais convaincu d'avoir rêvé. Et je fis disparaître cet épisode de ma mémoire.

Plusieurs années après, je découvris que c'était bien mon père qui m'avait frôlé ce jour-là. Mon père que je refusais, mon père que je souhaitais loin, absent ou mort… Cette méprise volontaire, réaction monstrueuse, j'ai beau la justifier par ma fragilité et ma panique de l'époque, elle demeure l'acte dont je garderai la honte – intacte, chaude, brûlante – jusqu'à mon dernier souffle.

Lorsque nous nous rejoignions dans sa synagogue secrète, le père Pons me donnait des échos[1] de la guerre.

– Depuis que les troupes allemandes s'enlisent en Russie et que les Américains sont entrés dans le combat, je pense qu'Hitler va perdre. Mais à quel prix ? Ici, les nazis sont de plus en plus nerveux, ils traquent les résistants avec une rage inhabituelle, l'énergie du désespoir. J'ai très peur pour nous, Joseph, très peur.

Il sentait dans l'air une menace, comme le chien sent le loup.

– Allons, mon père, tout va bien se passer. Continuons à travailler.

Avec le père Pons autant qu'avec Rudy, j'avais tendance à me montrer protecteur. Je les aimais tellement que, pour empêcher leur inquiétude, j'affichais un optimisme inébranlable et rassurant.

– Rendez-moi plus claire la différence entre juif et chrétien, mon père.

---

1. Ici, nouvelles.

– Les juifs et les chrétiens croient au même Dieu, celui qui a dicté à Moïse les Tables de la Loi. Mais les juifs ne reconnaissent pas en Jésus le Messie annoncé, l'envoyé de Dieu qu'ils espéraient ; ils n'y voient 105 qu'un sage juif de plus. Tu deviens chrétien lorsque tu estimes que Jésus est bien le Fils de Dieu, qu'en lui Dieu s'est incarné[1], est mort et est ressuscité.

– Donc, pour les chrétiens, ça s'est déjà passé ; pour les juifs, c'est à venir.

110 – Voilà, Joseph. Les chrétiens sont ceux qui se souviennent et les juifs ceux qui espèrent encore.

– Alors, un chrétien, c'est un juif qui a cessé d'attendre ?

– Oui. Et un juif, c'est un chrétien d'avant Jésus.

Cela m'amusait beaucoup de me penser en « chrétien d'avant Jésus ». 115 Entre le catéchisme catholique et l'initiation clandestine à la Torah, l'histoire sainte captivait davantage mon imagination que les contes enfantins empruntés à la bibliothèque : elle s'avérait plus charnelle, plus intime, plus concrète. Après tout, il s'agissait de mes ancêtres, Moïse, Abraham, David, Jean-Baptiste ou Jésus ! En mes veines coulait sans 120 doute le sang de l'un d'eux. Et puis leurs vies n'étaient pas fades[2], pas plus que la mienne : ils s'étaient battus, ils avaient crié, pleuré, chanté, ils avaient risqué de se perdre à chaque instant. Ce que je n'osais pas confier au père Pons, c'est que je l'avais incorporé[3] à cette histoire. Je n'arrivais pas à concevoir Ponce Pilate, le préfet romain qui se lavait les 125 mains, sous d'autres traits que les siens : il me paraissait normal que le père Pons fût là, dans les Évangiles, tout près de Jésus, entre les juifs et

---

1. A pris une enveloppe de chair.
2. Ternes.
3. Mélangé.

les futurs chrétiens, intermédiaire déconcerté[1], homme honnête qui ne sait pas choisir.

Je sentais le père Pons troublé par les études auxquelles il s'astreignait[2] pour moi. Comme nombre de catholiques, il connaissait auparavant fort mal l'Ancien Testament et il s'émerveillait de le découvrir, ainsi que certains commentaires rabbiniques[3].

– Joseph, il y a des jours où je me demande si je ne ferais pas mieux d'être juif, me disait-il, les yeux brillants d'excitation.

– Non, mon père, restez chrétien, vous ne vous rendez pas compte de votre chance.

– La religion juive insiste sur le respect, la chrétienne sur l'amour. Or je m'interroge : le respect n'est-il pas plus fondamental[4] que l'amour ? Et plus réalisable aussi… Aimer mon ennemi, comme le propose Jésus, et tendre l'autre joue, je trouve ça admirable mais impraticable. Surtout en ce moment. Tu tendrais ton autre joue à Hitler, toi ?

– Jamais !

– Moi non plus ! Il est vrai que je ne suis pas digne du Christ. Ma vie entière ne me suffira pas pour l'imiter… Cependant l'amour peut-il être un devoir ? Peut-on commander à son cœur ? Je ne le crois pas. Selon les grands rabbins, le respect est supérieur à l'amour. Il est une obligation continue. Ça me semble possible. Je peux respecter ceux que je n'aime pas ou ceux qui m'indiffèrent. Mais les aimer ? D'ailleurs, ai-je autant besoin de les aimer si je les respecte ? C'est difficile, l'amour, on ne peut ni le provoquer, ni le contrôler, ni le contraindre à durer. Alors que le respect…

---

1. Étonné.
2. S'obligeait.
3. Juifs.
4. Essentiel.

Il grattait son crâne lisse.

– Je me demande si nous, les chrétiens, ne sommes pas seulement des juifs sentimentaux…

155 Ainsi allait mon existence, rythmée par les études, les réflexions sublimes sur la Bible, la crainte des nazis, les cavalcades des résistants toujours plus nombreux et plus audacieux, les jeux avec mes camarades et mes promenades avec Rudy. Si les bombardements n'épargnaient pas Chemlay, les aviateurs anglais évitaient la Villa Jaune, sans 160 doute parce qu'elle était loin de la gare, surtout parce que le père Pons avait pris la précaution de hisser un drapeau de la Croix-Rouge sur le paratonnerre. Paradoxalement, j'aimais bien ces alertes : je ne descendais jamais aux abris avec mes camarades mais, en compagnie de Rudy, j'assistais au spectacle depuis le toit. Les bolides de la Royal Air Force 165 volaient si bas que nous pouvions voir les pilotes et leur envoyer des signes d'amitié.

En temps de guerre, le pire des dangers est l'habitude. Particulièrement l'accoutumance[1] du danger.

Parce qu'à Chemlay des dizaines d'individus bravaient[2] l'occupant 170 nazi dans la clandestinité et qu'à la longue ils finissaient par le sous-estimer, l'annonce du débarquement en Normandie nous coûta cher.

Lorsque l'on apprit que les troupes américaines, nombreuses et bien armées, venaient de poser pied sur le continent, la nouvelle nous enivra[3]. Même si nous devions nous taire, le sourire déchirait nos visages. Le 175 père Pons, lui, marchait au-dessus du sol, tel Jésus sur les flots, la joie irradiant[4] de son front.

---

1. Habitude.
2. Défiaient.
3. Excita fortement.
4. Éclatant comme une lumière.

Ce dimanche-là, nous frétillions[1] de nous rendre à la messe, impatients de partager cette presque victoire, au moins par le regard, avec les habitants du village. Tous les élèves se groupèrent en rang dans la cour
180 quinze minutes avant l'heure.

En chemin, les paysans endimanchés[2] nous adressaient des clins d'œil. Une dame me tendit un chocolat. Une autre me posa une orange entre les doigts. Une autre me glissa dans la poche une part de gâteau.

– Pourquoi toujours Joseph ? grogna un camarade.

185 – Normal, c'est le plus beau ! cria Rudy de loin.

Cela tombait bien : j'avais le ventre perpétuellement vide, d'autant que je faisais une poussée de croissance.

Je guettais le moment où nous longerions la pharmacie car je ne doutais pas que Mademoiselle Marcelle qui, avec le père Pons, avait sauvé
190 et protégé tant d'enfants, afficherait une mine radieuse. Peut-être, de joie, me lancerait-elle quelques berlingots ?

Or le rideau de fer bouchait la vitrine.

Notre groupe arriva en avance sur la place du village et là, tout le monde s'arrêta net, enfants et villageois, devant l'église.

195 Des battants grands ouverts sortait une musique martiale[3], projetée par les orgues qui soufflaient à plein régime. Je reconnus le refrain avec stupéfaction : *La Brabançonne !*

---

1. Étions excités.
2. Habillés de leurs beaux habits du dimanche.
3. Militaire.

BIEN LIRE

• P. 76-78 : Quel événement important a lieu en novembre ?

• L. 100-113 et 137-154 : Comment le père Pons s'y prend-il pour montrer que les deux religions sont très proches ?

• P. 81 : Quel événement apporte la joie dans Chemlay ?

La foule demeurait médusée[1]. Jouer *La Brabançonne*, notre hymne national, au nez des nazis, c'était l'outrage suprême. Cela revenait à leur dire : « Partez, fuyez, vous avez perdu, vous n'êtes plus rien ! »

Qui pouvait oser cette insolence ?

Les premiers qui l'aperçurent murmurèrent vite aux autres : Sacrebleu ! Mademoiselle Marcelle, les mains sur les claviers, les pieds sur les pédales, était, pour la première fois de sa vie, entrée dans une église afin de signifier aux nazis qu'ils allaient perdre la guerre.

Euphoriques[2], enthousiasmés, nous stationnions autour de l'église, comme si nous assistions à quelque brillant et périlleux numéro de cirque. Sacrebleu jouait fichtrement bien, beaucoup mieux que l'anémique[3] organiste qui assurait l'office. Sous ses doigts, l'instrument sonnait telle une fanfare barbare, rouge et or, aux cuivres éclatants et aux tambours virils. Les sons déferlaient[4] jusqu'à nous avec puissance, faisant vibrer le sol et frémir les vitres des magasins.

Soudain, un crissement de pneus. Une voiture noire freina devant l'église et quatre lascars en bondirent.

Les policiers de la Gestapo saisirent Mademoiselle Marcelle qui cessa de jouer mais entreprit de les insulter :

– Vous êtes cuits ! Finis ! Vous pouvez vous en prendre à moi, ça ne changera rien ! Minables ! Lopettes[5] ! Impuissants !

Les nazis la jetèrent sans ménagement dans la traction qui démarra.

Le père Pons, plus livide[6] que jamais, se signa. Moi j'avais les poings crispés, j'aurais voulu courir après la voiture, la rattraper, tabasser ces salauds. Je lui attrapai la main, qu'il avait glacée.

---

1. Stupéfaite.
2. Joyeux à l'extrême.
3. Maigre, qui a l'air en mauvaise santé.
4. Roulaient.
5. Lâches.
6. Blanc.

– Elle ne dira jamais rien, mon père. Je suis sûr qu'elle ne dira rien.

– Je sais, Joseph, je sais. Sacrebleu est la plus courageuse de nous tous.
225 Mais que vont-ils lui faire ?

Nous n'eûmes pas le temps d'attendre la réponse. Le soir même, à onze heures, la Villa Jaune fut envahie par la Gestapo.

Mademoiselle Marcelle, quoique torturée, n'avait pas lâché un mot. Cependant les nazis, en fouillant son domicile, avaient déniché[1] les
230 négatifs des photos qui ornaient nos faux papiers.

Nous étions démasqués. Pas même besoin de baisser nos pantalons. Les nazis n'avaient qu'à ouvrir nos passeports pour identifier les imposteurs.

En vingt minutes, tous les enfants juifs de la Villa Jaune furent rassemblés dans le même dortoir.

235 Les nazis exultaient[2]. Nous, la terreur nous accablait. J'éprouvais une telle angoisse que je devins incapable de penser. Sans même m'en rendre compte, j'obéissais docilement[3].

– Contre le mur, les mains levées. Et vite !

Rudy se glissa auprès de moi mais cela ne me rassura pas : il avait les
240 yeux exorbités[4] par la frousse.

Le père Pons se jeta dans la bataille.

– Messieurs, je suis scandalisé : j'ignorais leur identité ! Je ne me suis pas douté que ces enfants pouvaient être des juifs. On me les avait amenés comme des Aryens, de vrais Aryens. J'ai été trompé, on s'est moqué
245 de moi, on a abusé de ma crédulité[5].

---

1. Trouvé.
2. Montraient leur joie.
3. Sans me révolter.
4. Qui ressortent.
5. Confiance.

Même si je ne compris pas tout de suite l'attitude du père, je ne songeai pas qu'il tentait de s'innocenter pour éviter l'arrestation.

Le chef de la Gestapo lui demanda brutalement :

– Qui vous a amené ces enfants ?

Le père Pons hésita. Dix lentes secondes s'écoulèrent.

– Je ne vais pas vous mentir : tous ceux qui se trouvent ici m'ont été amenés par Mademoiselle Marcelle, la pharmacienne.

– Cela ne vous surprenait pas ?

– Elle m'a constamment confié des orphelins. Depuis quinze ans. Bien avant la guerre. C'est une bonne personne. Elle était liée à un groupe de bénévoles qui œuvrent[1] pour l'enfance malheureuse.

– Et qui payait leur pension ?

Le père devint livide.

– Des enveloppes arrivaient pour chacun des enfants, chaque mois, à leur nom. Vous pouvez vérifier à la comptabilité.

– D'où viennent ces enveloppes ?

– De mécènes[2]… De qui voulez-vous ? C'est consigné dans nos registres. Vous aurez les références.

Les nazis le croyaient. Leur chef salivait[3] rien qu'à l'idée de mettre la main sur ces listes. Du coup, le père attaqua sans mollir.

– Où les emmenez-vous ?

– À Malines.

– Et après ?

– Ça ne vous regarde pas.

– Ce sera un long voyage ?

---

1. Agissent.
2. Bienfaiteurs, protecteurs.
3. Ici, était impatient.

– Sûrement.

– Alors laissez-moi trier leurs affaires, remplir leurs valises, les habiller, leur donner de quoi manger pendant le trajet. Mes fils, on ne peut pas traiter des enfants de cette façon. Si vous m'aviez donné vos enfants en
275　charge, accepteriez-vous que je les laisse partir ainsi ?

Le chef aux mains grasses hésitait. Le père se précipita dans cette brèche[1] :

– Je sais que vous ne leur voulez pas de mal. Allons, je vais mettre tout en ordre et vous viendrez les chercher à l'aube.

280　Piégé par ce chantage affectif, gêné par la naïveté de l'abbé, le chef de la Gestapo avait envie de lui prouver qu'il n'était pas un mauvais bougre[2].

– À sept heures pétantes, demain matin, ils seront propres, vêtus, nourris, en rang dans la cour avec leur paquetage, insista doucement le
285　père Pons. Ne me vexez pas. Je m'occupe d'eux depuis des années : quand on me livre un enfant, on peut avoir confiance.

Le chef de la Gestapo jeta un coup d'œil sur la trentaine d'enfants juifs en chemise, se rappela qu'il n'aurait pas de camion avant le lendemain, songea qu'il avait sommeil, haussa les épaules et grogna :

290　– D'accord, mon père, je vous fais confiance.

– Vous pouvez, mon fils. Allez en paix.

Les hommes en noir de la Gestapo quittèrent le pensionnat.

Une fois que le père se fut assuré qu'ils étaient loin, il se tourna vers nous.

295　– Les enfants, pas de cris, pas de panique : vous allez chercher vos affaires en silence et vous vous habillez. Vous fuirez ensuite.

---

1. Ouverture, ici cette hésitation montre une faiblesse.
2. Bonhomme, gars.

Un long soupir de soulagement nous parcourut. Le père Pons appela les surveillants des autres dortoirs, cinq jeunes séminaristes, et les enferma dans la même salle que nous.

300 — Mes fils, j'ai besoin de vous.

— Comptez sur nous, mon père.

— Je veux que vous mentiez.

— Mais...

— Vous devez mentir. Au nom du Christ. Demain, vous direz à la

305 Gestapo que des résistants masqués ont envahi la Villa peu après leur départ. Vous affirmerez que vous vous êtes battus. D'ailleurs, on vous découvrira ligotés à ces lits pour prouver votre innocence. Acceptez-vous que je vous attache ?

— Vous pouvez même nous donner quelques coups, mon père.

310 — Merci, mes fils. Les coups, je ne suis pas contre à condition que vous vous les donniez vous-mêmes.

— Et vous, qu'allez-vous devenir ?

— Je ne peux rester avec vous. Demain, la Gestapo ne me croira plus. Il leur faudra un coupable. Je vais donc m'échapper avec les enfants.

315 Naturellement, vous révélerez que c'est moi qui ai prévenu les résistants, mes complices.

Dans les minutes qui suivirent, eut lieu le spectacle le plus incroyable qu'il me fût donné de voir : les jeunes séminaristes se mirent à se frapper avec application, sérieux, précision, qui sur le nez, qui sur les lèvres,

320 qui sur les yeux, chacun en redemandant à son camarade s'il ne s'estimait pas assez amoché[1]. Puis le père Pons les lia solidement aux pieds des lits et leur enfourna[2] un chiffon dans la bouche.

---

1. Blessé.
2. Fourra.

– Pouvez-vous respirer ?

Les séminaristes hochèrent la tête. Certains avaient le visage tumé-
325 fié[1], d'autres le nez en sang, tous les larmes aux yeux.

– Merci, mes fils, dit le père Pons. Et pour tenir jusqu'au matin, pen-
sez à Notre-Seigneur Jésus-Christ.

Sur ce, il vérifia que nous emportions un bagage léger et, dans le
plus grand silence, nous fit descendre l'escalier puis franchir la porte
330 de derrière.

– Où allons-nous ? murmura Rudy.

Quoique je fusse sans doute le seul à avoir une idée là-dessus, je la
tus.

Nous avons traversé le parc jusqu'à la clairière. Là, le père nous arrêta.
335 – Mes enfants, tant pis si je vous semble fou : nous n'irons pas plus
loin !

Il nous exposa son plan et nous passâmes la fin de la nuit à le réaliser.

La moitié d'entre nous alla se reposer dans la crypte de la chapelle.
L'autre moitié – à laquelle j'appartenais – consacra les heures suivantes
340 à effacer les vrais indices et à en créer des faux. La terre, imprégnée de
pluie récente, enfonçait sous les pieds avec un bruit d'eau : rien n'était
plus facile que d'y laisser de belles traces.

Notre groupe traversa donc la clairière et sortit du parc par la porte
exiguë[2]. Ensuite, en tapant l'humus meuble[3] avec nos talons, en brisant
345 des branches, en perdant même intentionnellement quelques objets,
nous descendîmes à travers champs jusqu'à la rivière. Là, le père nous
conduisit jusqu'à un embarcadère[4].

---

1. Avec des bleus.
2. Étroite.
3. Terre qui s'enfonce.
4. Lieu où l'on peut embarquer dans une barque ou un petit bateau.

– Voilà, on croira qu'un bateau nous attendait ici… Maintenant, nous refaisons le trajet, mais en progressant à reculons, mes enfants, afin de laisser penser que nous étions le double et pour éviter toute empreinte dans l'autre sens.

Le retour fut lent, laborieux[1] ; nous glissions ; l'effort s'ajoutait à la peur et à la fatigue. Dans la clairière, il nous resta encore à exécuter le plus difficile : effacer les vestiges de nos pas vers la chapelle désaffectée en fouettant le terrain moite avec des feuillages.

L'aube pointait lorsque nous avons rejoint nos camarades endormis au fond de la crypte. Le père Pons referma soigneusement les portes et la trappe sur nous, n'allumant qu'une bougie en veilleuse.

– Dormez, mes enfants. Pas de réveil obligatoire ce matin.

Non loin de l'endroit où je m'étais effondré, il se dégagea une place entre des tas de livres qu'il monta autour de lui tel un mur de briques. Lorsqu'il m'aperçut, je lui demandai :

– Je peux venir dans votre chambre, mon père ?

– Viens, mon petit Joseph.

Je me glissai jusqu'à lui et posai ma joue contre son épaule maigre. À peine eus-je le temps de deviner son regard attendri que je m'endormis.

Au matin, la Gestapo envahit la Villa Jaune, tomba sur les séminaristes ligotés, cria au scandale, suivit nos fausses pistes jusqu'à la rivière et nous chercha plus loin : elle n'imagina pas une seconde que nous n'avions pas fui.

Il n'était plus question, pour le père Pons, de se manifester à la surface. Il n'était pas question non plus que nous demeurions dans la

---

1. Pénible, difficile.

synagogue secrète aménagée sous la chapelle. Si nous étions encore en
375 vie, tout de cette vie posait maintenant problème : parler, manger, uri-
ner, déféquer. Même le sommeil n'était pas un refuge car nous dormions
à même le sol et chacun à des rythmes séparés.

— Tu vois, Joseph, me disait avec humour le père Pons, la croisière
sur l'arche de Noé ne devait pas être une partie de rigolade.

380 Très vite, le réseau de résistants vint nous chercher un à un afin de
nous cacher ailleurs. Rudy partit avec les premiers. Sans doute parce
qu'il tenait trop de place. Le père Pons ne me désignait jamais aux com-
pagnons qui nous récupéraient. Était-ce intentionnel ? J'osais croire qu'il
me gardait auprès de lui le plus longtemps possible.

385 — Peut-être les Alliés vont-ils gagner plus tôt que prévu ? Peut-être
serons-nous bientôt délivrés ? me disait-il en clignant de l'œil.

Il profita de ces semaines pour améliorer sa connaissance de la religion juive avec moi.

— Vos vies ne sont pas que vos vies, elles sont porteuses d'un mes-
390 sage. Je ne veux pas vous laisser exterminer, travaillons.

Un jour, alors que nous n'étions plus que cinq dans la crypte, je dési-
gnai au père mes trois camarades endormis.

— Vous voyez, mon père, je n'aimerais pas mourir avec eux.

— Pourquoi ?

395 — Parce que, même si je les côtoie[1], ce ne sont pas mes amis. Qu'est-
ce que je partage avec eux ? Juste le fait d'être une victime.

— Pourquoi me dis-tu ça, Joseph ?

— Parce que je préférerais mourir avec vous.

Je laissai ma tête rouler contre ses genoux et lui confiai les pensées
400 qui m'agitaient.

---

1. Suis à côté d'eux.

– Je préférerais mourir avec vous parce que c'est vous que je préfère. Je préférerais mourir avec vous parce que je ne veux pas vous pleurer et encore moins que vous me pleuriez. Je préférerais mourir avec vous parce que vous seriez alors la dernière personne que je verrais au monde. Je préférerais mourir avec vous parce que le ciel, sans vous, ça ne va pas me plaire, ça va même m'angoisser.

À cet instant-là, des cris furent frappés à la porte de la chapelle.

– Bruxelles est libérée ! Nous avons gagné ! Bruxelles a été libérée par les Anglais !

Le père sauta sur ses pieds et me prit dans ses bras.

– Libres ! Tu entends, Joseph ? Nous sommes libres ! Les Allemands s'en vont !

Les autres enfants se réveillèrent.

Les résistants nous délivrèrent de la crypte et l'on se mit à courir, sauter, rire dans les rues de Chemlay. Des cris de joie montaient des maisons, les fusils tiraient vers le ciel, des drapeaux roulaient hors des fenêtres, des danses s'improvisaient, on sortait des bouteilles d'alcool dissimulées pendant cinq ans.

Jusqu'au soir je demeurai dans les bras du père. Commentant les événements avec chaque villageois, il pleurait des larmes de plaisir. Je les essuyais avec mes mains. Puisque c'était un jour de liesse[1], j'avais le droit d'avoir neuf ans, de me tenir comme un enfant sur les épaules de l'homme qui m'avait sauvé, j'avais le droit d'embrasser ses joues roses et salées, j'avais le droit de rire aux éclats sans raison. Jusqu'au soir, radieux[2], je ne le quittai pas. Même si je pesais lourd, il ne se plaignit jamais.

– La guerre est bientôt finie !

---

1. Bonheur général.
2. Ici, dont le bonheur est très visible.

– Les Américains foncent sur Liège.

– Vivent les Américains !

– Vivent les Anglais !

430   – Vivent nous !

– Hourra !

Depuis ce 4 septembre 1944, j'ai toujours cru que Bruxelles avait été libérée parce que j'avais, soudain, sans détour[1], déclaré mon amour au père Pons. J'en ai été marqué à jamais. Depuis, je me suis attendu à ce
435 que des pétards explosent et que des drapeaux sortent quand je confessais[1] mes sentiments à une femme.

---

1. Franchement.
2. Ici, avouais.

BIEN LIRE

• Qu'arrive-t-il à « Sacrebleu » ?
• Comment le père Pons s'y prend-il pour sauver les enfants de la Gestapo ?
• Que se passe-t-il ensuite dans leur « arche » ?

Les jours qui suivirent se révélèrent, dans notre région, plus dangereux et meurtriers la période de la guerre. Durant l'Occupation, l'ennemi était clairement visible donc visé ; pendant la Libération, les coups partirent d'ici et de là, incontrôlés, incontrôlables, et le chaos[1] régna. Après avoir rapatrié ses enfants à la Villa Jaune, le père Pons nous interdit de sortir du parc. Pourtant, Rudy et moi ne pouvions nous empêcher de nous hisser[2] sur notre chêne dont les branches franchissaient le mur. Les trouées du feuillage donnaient sur la plaine qui s'étendait, toute nue, jusqu'aux fermes lointaines. De là, nous pouvions, sinon assister aux combats, du moins en percevoir l'écume. C'est ainsi que je vis passer dans une voiture décapotable l'officier allemand qui avait choisi de ne pas nous dénoncer sous les douches, en chemise, ensanglanté, le visage tuméfié, le crâne rasé, serré[3] par des libérateurs armés qui l'emmenaient vers je ne sais quelle vengeance…

Le ravitaillement posait toujours problème. Pour tromper notre faim, Rudy et moi recherchions dans la pelouse une herbe vert sombre, plus épaisse que les autres, dont nous remplissions nos mains avant de nous fourrer la botte[4] sur la langue. C'était amer, infect, mais cela nous donnait l'impression d'avoir la bouche pleine.

Progressivement, l'ordre revint. Or il ne nous apportait pas de bonnes nouvelles. Mademoiselle Marcelle, la pharmacienne, avait été atrocement torturée avant d'être déportée à l'Est. Comment reviendrait-elle ? Reviendrait-elle seulement ? Car la confirmation de ce qu'on soupçonnait pendant la guerre nous arrivait : les nazis avaient assassiné leurs prisonniers

---

1. Grand désordre.
2. Monter.
3. Entouré.
4. Ici, poignée d'herbe.

25 dans les camps de concentration. Des millions d'êtres humains avaient été massacrés, abattus par balles, asphyxiés au gaz, brûlés ou enterrés vifs.

Je me remis à pisser au lit. L'effroi devenait rétrospectif[1] : j'étais épouvanté par le sort auquel j'avais échappé. Ma honte aussi devenait rétrospective : je songeais à mon père entrevu que je n'avais pas cru bon 30 d'interpeller. Mais était-ce vraiment lui ? Était-il encore vivant ? Et ma mère ? Je me remis à les aimer d'un amour décuplé[2] par le remords.

Les nuits sans nuages, je m'évadais du dortoir et j'allais contempler le ciel. Lorsque je fixais « l'étoile de Joseph et de maman », les astres se mettaient de nouveau à chanter en yiddish. Très vite ma vue se 35 brouillait, je suffoquais[3], les bras en croix, cloué contre la pelouse, finissant par me nourrir de ma morve et de mes larmes.

Le père Pons n'avait plus le temps de me donner mes leçons d'hébreu. Pendant des mois, du matin au soir il courait, pistant les traces de nos parents, confrontant les registres cryptés[4] élaborés par les réseaux 40 de résistance, ramenant de Bruxelles les listes des morts en déportation.

Pour certains d'entre nous, l'annonce tomba vite : ils étaient les seuls survivants de leur famille. En dehors des cours, nous les consolions, nous nous occupions d'eux, cependant nous pensions au fond de nousmêmes : ne serai-je pas le prochain ? Est-ce une bonne nouvelle qui 45 tarde ? Ou une très mauvaise ?

Rudy, dès que les faits se substituèrent[5] aux espoirs, prit le parti de penser qu'il avait perdu tous les siens. « *Schlemazel* comme je suis, ça ne peut pas être autrement. » Effectivement, le père Pons revint, de semaine

---

1. Qui concerne le passé.
2. Multiplié.
3. Avais du mal à respirer.
4. Codés.
5. Prirent la place.

en semaine, avec la sinistre confirmation que son frère aîné, puis ses autres frères, puis ses sœurs, puis son père avaient été gazés à Auschwitz. À chaque fois, une colossale douleur muette abattait mon ami : nous passions plusieurs heures allongés sur l'herbe, face au ciel plein de soleil et d'hirondelles, en nous tenant la main. Je crois qu'il pleurait mais je n'osais me tourner vers lui de peur de l'humilier.

Un soir, le père Pons revint de Bruxelles le visage écarlate d'avoir pédalé vite et fonça vers Rudy.

– Rudy, ta mère est vivante. Elle arrivera à Bruxelles vendredi, par le convoi[1] des survivants.

Cette nuit-là, Rudy sanglota de tant de soulagement que je crus qu'il allait mourir, étouffé par les larmes, avant d'avoir revu sa mère.

Le vendredi, Rudy se leva avant l'aube pour se laver, s'habiller, cirer ses chaussures, adopter un style bourgeois que nous ne lui avions jamais vu, au point que je ne le reconnus sous ses cheveux gominés[2] et crantés qu'à ses oreilles de faune[3]. Surexcité, il ne cessait de jacasser[4], sautant d'une idée à l'autre, suspendant ses phrases afin d'en changer.

S'étant fait prêter une voiture, le père Pons décida que je participerais au voyage et, pour la première fois depuis trois ans, je quittai la Villa Jaune. À cause de la joie de Rudy, j'avais mis en veilleuse mes inquiétudes sur le destin de ma propre famille.

À Bruxelles, une pluie fine, une poussière d'eau voltigeait entre les façades grises, voilant nos vitres d'une brume transparente, faisant luire

---

1. Train.
2. Couverts de gel.
3. Être de la mythologie. L'image fait sans doute référence à des oreilles pointues.
4. Parler.

les trottoirs. Arrivé au grand hôtel cossu[1] où l'on débarquait les survivants, Rudy se précipita vers le concierge en uniforme rouge et or.

75 – Où est le piano ? Il faudra que j'y amène ma mère. C'est une pianiste hors pair. Une virtuose[2]. Elle donne des concerts.

Une fois repéré le long instrument laqué au bar, on nous apprit que les rescapés étaient déjà arrivés et qu'après les avoir épouillés[3] et passés à l'étuve[4] on les nourrissait au restaurant.

Rudy courut jusqu'à la salle, escorté par le père Pons et moi.

80 Des hommes et des femmes rachitiques[5], la peau terne insupportablement collée à l'os, avec les mêmes cernes sous les mêmes yeux vides, exténués[6] au point d'avoir de la difficulté à tenir leurs couverts, étaient courbés sur un potage. Ils n'accordèrent aucune attention à notre arrivée tant ils étaient avides[7] de se nourrir, anxieux qu'on les en empêchât.

85 Rudy parcourut la salle des yeux.

– Elle n'est pas là. Y a-t-il un autre restaurant, mon père ?

– Je vais demander, répondit celui-ci.

Une voix jaillit d'une banquette.

– Rudy !

90 Une femme se leva et faillit choir[8] en nous faisant signe de la main.

– Rudy !

– Maman !

Rudy se précipita vers celle qui l'implorait et la serra dans ses bras.

---

1. D'apparence riche.
2. Surdouée.
3. Désinfectés.
4. Nettoyés.
5. Très maigres.
6. Très fatigués.
7. Avaient très envie.
8. Tomber.

Je ne reconnaissais pas en elle la mère que m'avait décrite Rudy, une grande femme souveraine, disait-il, à la poitrine majestueuse, aux prunelles bleu acier, aux cheveux noirs interminables, riches et drus, qui provoquaient l'admiration du public. Au lieu de cela, il embrassait une petite vieille presque chauve, au regard fixe, craintif, d'un gris délavé[1], dont le corps osseux, large et plat, se dessinait sous une robe de laine.

Cependant ils se murmurèrent des phrases en yiddish à l'oreille, pleurèrent dans le cou l'un de l'autre, et je conclus que Rudy, s'il ne s'était pas trompé de personne, avait sans doute embelli ses souvenirs.

Il voulut l'emmener.

– Viens, maman, il y a un piano dans cet hôtel.

– Non, Rudy, je veux d'abord finir mon assiette.

– Allons, maman, viens.

– Je n'ai pas fini les carottes, dit-elle en frappant du pied, telle une enfant butée[2].

Rudy marqua sa surprise : il n'avait plus devant lui sa mère autoritaire mais une fillette qui ne voulait pas lâcher sa gamelle. D'un geste, le père Pons lui suggéra de ne pas la contrarier.

Elle acheva sa soupe lentement, consciencieusement, trempa le bouillon avec un morceau de pain, essuyant la porcelaine jusqu'à la rendre immaculée[3], indifférente au reste. Autour d'elle, tous les rescapés fignolaient[4] de même. Sous-alimentés depuis des années, ils mangeaient avec une passion brutale.

Puis Rudy l'aida à se relever en lui proposant son bras et nous présenta. Malgré son épuisement, elle eut la grâce de nous sourire.

---

1. D'un gris passé, terne.
2. Têtue.
3. Sans tache.
4. Étaient aussi soigneux.

– Vous savez, dit-elle au père Pons, je ne me suis tenue en vie que
120 parce que j'avais l'espoir de retrouver Rudy.

Rudy battit des paupières et détourna la conversation.

– Viens, allons au piano, maman.

Après avoir traversé les salons qui semblaient sculptés dans de la meringue, franchi plusieurs portes alourdies d'épais rideaux de soie, il
125 la déposa avec précaution sur le tabouret et souleva le couvercle de l'instrument.

Elle considéra le demi-queue avec émotion, puis méfiance. Savait-elle encore ? Son pied rampa vers la pédale et elle caressa les touches des doigts. Elle tremblait. Elle avait peur.

130 – Joue, maman, joue ! murmura Rudy.

Paniquée, elle regarda son fils. Elle n'osait pas lui dire qu'elle doutait d'y arriver, qu'elle n'aurait pas la force, que…

– Joue, maman, joue. Moi aussi j'ai traversé la guerre en pensant qu'un jour tu jouerais de nouveau pour moi.

135 Elle vacilla[1], se rattrapa au cadre, puis observa le clavier comme un obstacle qu'elle devait vaincre. Ses mains s'approchèrent, timides, puis s'enfoncèrent délicatement dans l'ivoire.

S'éleva le chant le plus doux et le plus triste qu'il me fût donné d'entendre. Un peu grêle[2], un peu clairsemée[3] d'abord, puis plus riche, plus
140 assurée, la musique naissait, s'intensifiait, se développait, chavirante, éperdue[4].

En jouant, la mère de Rudy reprenait chair. Je discernais à présent, sous celle que je voyais, la femme que m'avait décrite Rudy.

---

1. Faillit tomber.
2. Désagréable.
3. Sans rythme continu.
4. Qui ne se contrôle plus.

À la fin du morceau, elle se tourna vers son fils.

– Chopin, murmura-t-elle. Il n'a pas vécu ce que nous venons de subir et pourtant il avait tout deviné.

Rudy l'embrassa dans le cou.

– Tu reprendras tes études, Rudy ?

– Je te le jure.

Pendant les semaines suivantes, je vis régulièrement la mère de Rudy qu'une vieille fille de Chemlay avait accepté de prendre en pension chez elle. Elle reprenait des formes, des couleurs, des cheveux, de l'autorité, et Rudy qui la rejoignait le soir cessa de se montrer l'irréductible cancre qu'il avait toujours été, révélant même des dispositions étonnantes en mathématiques.

Le dimanche, la Villa Jaune devenait le lieu de rassemblement des enfants qui avaient été cachés. On amenait des environs tous ceux qui, de trois à seize ans, n'avaient pas encore été réclamés par leurs proches. Ils s'exhibaient sur une estrade de fortune[1] dressée sous le préau. Les gens venaient nombreux, qui pour retrouver son fils, sa fille, qui pour ses neveu et nièce, qui pour une parentèle lointaine dont il s'estimait, après l'holocauste, désormais responsable. S'inscrivaient aussi des couples prêts à adopter des orphelins.

---

1. Montée à la va-vite avec les moyens du bord.

BIEN LIRE

• **L. 20-26 : Qu'est-il arrivé à Mademoiselle Marcelle ?**

• **L. 46-54 : Que redoute Rudy et comment essaie-t-il d'apprivoiser cette angoisse ?**

• **P. 98-99 : Quel changement remarque-t-on dans le comportement de Rudy après ses retrouvailles avec sa mère ?**

J'attendais autant que je craignais ces matinées. Chaque fois que
165 j'avançais sur l'estrade, après la proclamation de mon nom, j'espérais un
cri, celui de ma mère. Chaque fois que je rebroussais chemin dans un
silence poli, j'avais envie de me mutiler.

– C'est de ma faute, mon père, si mes parents ne reviennent pas : je
n'ai pas pensé à eux pendant la guerre.

170 – Ne dis pas de sottises, Joseph. Si tes parents ne revenaient pas, ce
serait la faute d'Hitler et des nazis. Mais ni la tienne ni la leur.

– Vous ne voulez pas me proposer à l'adoption ?

– C'est trop tôt, Joseph. Sans un papier certifiant le décès des ascen-
dants[1], je n'en ai pas le droit.

175 – De toute façon, personne ne voudra de moi !

– Allons, tu dois espérer.

– Je déteste espérer. Je me sens nul et sale quand j'espère.

– Sois plus humble[2] et espère donc un peu.

Ce dimanche-là, après la traditionnelle foire aux orphelins, bre-
180 douille[3] et humilié une fois de plus, je décidai d'accompagner Rudy qui
allait prendre le thé avec sa mère au village.

Nous descendions le chemin lorsque je vis deux formes, au loin, gra-
vir la côte.

Sans le décider, je me mis à courir. Mes pieds ne touchaient plus le
185 sol. J'aurais pu m'envoler. J'avançais si vite que je redoutais qu'une
jambe se détachât de mes hanches.

Je n'avais pas reconnu l'homme ni la femme : j'avais reconnu le manteau de ma mère. Un manteau écossais rose et vert, orné d'un capu-

---

1. Parents.
2. Modeste.
3. Sans résultats.

chon. Maman ! Je n'avais jamais vu quelqu'un d'autre porter ce manteau écossais rose et vert, orné d'un capuchon.

– Joseph !

Je m'abattis contre mes parents. À bout de souffle, sans pouvoir prononcer un mot, je les tâtais, je les palpais[1], je les serrais contre moi, je
les vérifiais, je les retenais, je les empêchais de partir. Je répétais cent fois
les mêmes gestes désordonnés. Oui, je les sentais, je les voyais, oui, ils
étaient bien vivants.

J'étais heureux à en avoir mal.

– Joseph, mon Joseph ! Mishke, tu as vu comme il est beau ?

– Tu as grandi, mon fils !

Ils disaient des petites choses idiotes, insignifiantes[2], qui me faisaient
pleurer. Moi, je ne parvenais plus à articuler. Une souffrance vieille de
trois ans – la durée de notre séparation – venait de s'abattre sur mes
épaules et m'avait terrassé. La bouche ouverte sur un long cri muet, je
ne parvenais qu'à sangloter.

Lorsqu'ils se rendirent compte que je ne répondais à aucune de leurs
questions, ma mère s'adressa à Rudy.

– Mon Josephélé, il est trop ému, n'est-ce pas ?

Rudy confirma. Être à nouveau compris, deviné, par ma mère pro-
voqua en moi une rafale supplémentaire de larmes.

Je passai plus d'une heure sans recouvrer[3] l'usage de la parole.
Pendant cette heure, je ne les lâchai pas, une main agrippée au bras de
mon père, l'autre enfoncée dans la paume de ma mère. Pendant cette
heure, j'appris, par le récit qu'ils firent au père Pons, comment ils avaient

---

1. Touchais.
2. Qui n'ont pas de sens.
3. Retrouver.

survécu, non loin d'ici, cachés dans une vaste ferme en travaillant
215 comme ouvriers agricoles. S'ils avaient mis autant de temps à me loca-
liser, c'était parce que, de retour à Bruxelles, le comte et la comtesse de
Sully ayant disparu, les résistants les avaient lancés à mon sujet sur une
fausse piste qui les avait conduits jusqu'en Hollande.

Tandis qu'ils narraient[1] leurs péripéties[2], ma mère se retournait sou-
220 vent vers moi et me caressait en murmurant :

– Mon Josephélé…

Comme j'étais comblé de retrouver le yiddish, cette langue si tendre
qu'on ne peut même appeler un enfant par son prénom sans y ajouter
une caresse, un diminutif, une syllabe douce à l'oreille, telle une sucre-
225 rie offerte au cœur du mot… À ce régime, je me remis et je ne songeai
plus qu'à les emmener visiter mon domaine, la Villa Jaune et son parc,
où j'avais coulé des années si joyeuses.

Leur histoire achevée, ils se penchèrent vers moi :

– Nous allons retourner à Bruxelles. Veux-tu bien aller prendre tes
230 affaires ?

Et c'est là que je reconquis[3] l'usage des mots.

– Comment ? Je ne peux pas rester ici ?

Un silence consterné[4] accueillit ma question. Ma mère battit des paupières, incertaine d'avoir bien entendu, mon père fixa le plafond en cris-
235 pant les mâchoires et le père Pons allongea son cou vers moi.

– Qu'est-ce que tu as dit, Joseph ?

Je me rendis soudain compte à quel point mes propos résonnaient
atrocement aux oreilles de mes parents. La honte m'inonda[5] ! Trop tard !
Cependant je bissai[6], espérant que la deuxième fois produirait un autre
240 effet que la première :

---

1. Racontaient.
2. Leurs aventures.
3. Retrouvai.

4. Très triste et déçu.
5. Monta en moi.
6. Répétai une deuxième fois.

– Je ne peux pas rester ici ?

Raté ! C'était pire ! Leurs yeux s'embuèrent[1] ; ils détournèrent le visage vers la fenêtre. Le père Pons arrondit ses sourcils.

– Te rends-tu compte de ce que tu dis, Joseph ?

– Je dis que je veux rester ici.

La gifle s'abattit sur moi sans que je la soupçonne. Le père Pons, la main fumante, me considérait avec tristesse. Je le regardai, effaré : il ne m'avait jamais frappé.

– Excusez-moi, mon père, bredouillai-je.

Il secoua un crâne sévère pour me signifier que ce n'était pas la réaction qu'il attendait ; de l'œil, il me désigna mes parents. J'obéis.

– Excuse-moi, papa, excuse-moi, maman. C'était juste une manière de dire que j'étais bien ici, une façon de dire merci.

Mes parents m'ouvrirent leurs bras.

– Tu as raison, mon chéri. On ne saura jamais assez dire merci au père Pons.

– Non ! reprit mon père.

– Tu as entendu, Mishke, il a perdu son accent, notre Josephélé. On ne va plus croire qu'il est notre fils.

– C'est lui qui a raison. Nous devrions en terminer avec ce yiddish de malheur.

Je les interrompis pour préciser en fixant le père Pons :

– Je voulais juste dire que j'allais avoir du mal à vous quitter...

De retour à Bruxelles, j'eus beau découvrir avec plaisir la spacieuse maison qu'avait louée mon père lancé dans les affaires avec une énergie revancharde, j'eus beau m'abandonner aux caresses, à la douceur et aux intonations chantantes de ma mère, je me sentais seul, à la dérive sur

---

1. S'emplirent de larmes.

une barque sans rames. Bruxelles, immense, sans limites, ouverte à tous les vents, manquait d'un mur d'enceinte qui m'aurait rassuré. Je man-
270 geais à ma faim, j'étais habillé et chaussé sur mesure, j'amassais des jouets et des livres dans la superbe chambre qui m'était réservée mais les heures passées avec le père Pons à réfléchir aux grands mystères me manquaient. Mes nouveaux camarades d'école me semblaient insipides[1], mes professeurs mécaniques, mes cours insignifiants, mon foyer ennuyeux. On
275 ne retrouve pas ses parents juste en les embrassant. En trois ans, ils m'étaient devenus étrangers, sans doute parce qu'ils avaient changé, sans doute parce que j'avais changé. Ils avaient quitté un enfant et récupéré un adolescent. L'appétit de réussite matérielle qui habitait mon père l'avait tellement transformé qu'il m'était difficile de reconnaître
280 l'humble tailleur plaintif de Schaerbeek sous le récent nabab[2] prospère de l'import-export.

– Tu verras, mon fils, je vais faire fortune et tu n'auras qu'à reprendre mon affaire plus tard, m'annonçait-il, les yeux brillants d'excitation.

Avais-je envie de devenir comme lui ?

285 Lorsqu'il me proposa de préparer ma bar-mitsva, ma communion, en m'inscrivant au héder, l'école juive traditionnelle, je refusai spontanément.

– Tu ne veux pas faire ta bar-mitsva ?

– Non.

290 – Tu ne veux pas apprendre à lire la Torah, à écrire et prier en hébreu ?

– Non.

– Et pourquoi ?

---

1. Sans intérêt.
2. Personne très riche.

– Je veux devenir catholique !

La réponse ne tarda pas : une gifle glacée, violente, sèche. La deuxième en quelques semaines. Après le père Pons, mon père. La Libération, pour moi, c'était surtout la libération des gifles.

Il appela ma mère et la prit à témoin. Je répétai et confirmai que je souhaitais adopter la religion catholique. Elle pleura, il cria. Le soir même je m'enfuis.

Sur un vélo, je refis, en me trompant plusieurs fois, le chemin qui conduisait à Chemlay et j'arrivai vers onze heures à la Villa Jaune.

Je ne sonnai même pas à la grille. Contournant l'enceinte, je poussai la porte rouillée de la clairière et me rendis à la chapelle désaffectée.

La porte était ouverte. La trappe aussi.

Comme je l'avais prévu, le père Pons se tenait dans la crypte.

Il ouvrit les bras en m'apercevant. Je me jetai contre lui et me déchargeai de mon désarroi[1].

– Tu mériterais que je te redonne une gifle, dit-il en me serrant doucement contre lui.

– Mais qu'est-ce que vous avez, tous ?

Il m'intima[2] l'ordre de m'asseoir et alluma quelques bougies.

– Joseph, tu es l'un des derniers survivants d'un peuple glorieux qui vient d'être massacré. Six millions de juifs ont été assassinés… six millions ! Face à ces cadavres, tu ne peux plus te cacher.

– Qu'est-ce que j'ai de commun avec eux, mon père ?

– D'avoir été amené à la vie par eux. D'avoir été menacé de mort en même temps qu'eux.

---

1. Désespoir.
2. Donna.

– Et après ? J'ai bien le droit de penser différemment, non ?

– Bien sûr. Cependant tu dois témoigner qu'ils ont existé à l'heure
320 où ils n'existent plus.

– Pourquoi moi et pas vous ?

– Moi autant que toi, chacun à sa façon.

– Je ne veux pas faire ma bar-mitsva. Je veux croire en Jésus-Christ,
comme vous.

325 – Écoute, Joseph, tu vas faire ta bar-mitsva parce que tu aimes ta
mère et que tu respectes ton père. Pour la religion, tu verras plus tard.

– Mais…

– Aujourd'hui, il est essentiel que tu acceptes d'être juif. Cela n'a rien
à voir avec la croyance religieuse. Plus tard, si tu persistes à le souhai-
330 ter, tu pourras devenir un juif converti.

– Alors juif toujours, juif à jamais ?

– Oui. Juif toujours. Fais ta bar-mitsva, Joseph. Sinon, tu vas briser
le cœur de tes parents.

Je devinais qu'il avait raison.

335 – En fait, mon père, j'aimais bien être juif avec vous.

Il éclata de rire.

– Moi aussi, Joseph, j'aimais bien être juif avec toi.

Nous avons rigolé un bon moment. Puis il me saisit les épaules.

– Ton père t'aime, Joseph. Il t'aime mal, peut-être, ou d'une façon
340 qui ne te plaît pas, peut-être, et pourtant il t'aime comme il n'aimera
jamais personne d'autre et comme personne d'autre ne t'aimera jamais.

– Pas même vous ?

– Joseph, je t'aime autant qu'un autre enfant, peut-être un peu plus.
Mais ce n'est pas le même amour.

345 Au soulagement que je ressentis, je compris que c'était cette phrase
que j'étais venu chercher.

— Libère-toi de moi, Joseph. J'ai fini ma tâche. Nous pouvons être amis maintenant.

D'un geste circulaire, il me désigna la crypte.

350 — N'as-tu rien remarqué ?

Malgré la pénombre, je constatai que les chandeliers avaient disparu, la Torah aussi, la photo de Jérusalem… Je m'approchai des livres entassés sur les étagères.

— Quoi !… ce n'est plus de l'hébreu…

355 — Ce n'est plus une synagogue.

— Qu'est-ce qui se passe ?

— Je commence une collection.

Il caressa plusieurs livres dont les caractères étranges m'échappaient.

— Staline va finir par tuer l'âme russe : je collectionne les œuvres des
360 poètes dissidents[1].

Le père nous trahissait ! Sans doute perçut-il ce reproche dans mes yeux.

— Non, je ne te trahis pas, Joseph. Pour les juifs, tu es là. C'est toi Noé, désormais.

---

1. Qui refusent d'obéir au gouvernement en place.

BIEN LIRE

• P. 100-101 : **À quoi Joseph reconnaît-il ses parents ?**

• L. 231-263 : **Comment leurs retrouvailles se passent-elles ?**

• L. 339-346 : **Quel rôle prend alors le père Pons ?**

Quelle mission le père Pons s'est-il désormais fixée ? Pourquoi ?

J'achève de rédiger ce récit sur une terrasse ombrée[1], en face d'une mer d'oliviers. Au lieu de me retirer avec mes camarades pour la sieste, je n'ai pas fui la chaleur car le soleil fait entrer sa gaieté dans mon cœur.

Cinquante ans se sont écoulés depuis ces événements. Finalement,
5 j'ai fait ma bar-mitsva, j'ai repris l'affaire de mon père et je ne me suis pas converti au christianisme. Avec passion, j'ai appris la religion de mes pères et je l'ai transmise à mes enfants. Mais Dieu ne vint pas au rendez-vous…

Jamais, de toute mon existence de juif pieux[2] puis de juif indifférent,
10 je n'ai retrouvé le Dieu que j'avais senti lors de mon enfance dans cette petite église de campagne, entre les vitraux magiques, les anges porteurs de guirlandes et les ronronnements de l'orgue, ce Dieu bienveillant qui flottait au-dessus des bouquets de lys, des flammes douces, des odeurs de bois ciré en contemplant les enfants cachés et les villageois complices.

15 Je n'ai pas cessé de fréquenter le père Pons. Je suis retourné d'abord à Chemlay, en 1948, lorsque la municipalité donna à une rue le nom de Mademoiselle Marcelle, jamais revenue de déportation. Nous étions tous là, les enfants qu'elle avait recueillis, nourris, dotés de faux papiers. Avant de dévoiler la plaque qui lui était consacrée, le bourgmestre pro-
20 nonça un discours sur la pharmacienne, évoquant aussi son officier de père, héros de la guerre précédente. Au milieu des fleurs, trônaient leurs deux photos. Je fixais les portraits de Sacrebleu et du colonel : les mêmes, exactement les mêmes, aussi épouvantablement laids, si ce n'est que le militaire arborait[3] une moustache. Trois rabbins diplômés glorifièrent
25 la mémoire et la bravoure de celle qui avait donné sa vie ; le père les emmena ensuite visiter sa précédente collection.

---

1. À l'ombre.
2. Très croyant.
3. Portait.

Lors de mon mariage avec Barbara, le père eut l'occasion de se rendre dans une vraie synagogue ; il vérifia le déroulement du rituel avec délectation[1]. Par la suite, il nous rejoignit souvent à la maison pour les fêtes de Kippour[2], de Rosh ha-Shana[3] ou pour les anniversaires de mes enfants. Cependant je préférais me rendre à Chemlay afin de descendre avec lui dans la crypte de la chapelle qui offrait sans relâche le confort de son harmonieux désordre. En trente ans il m'annonça souvent :

– Je commence une collection.

Certes, rien n'est assimilable[4] à la Shoah et aucun mal ne se compare à un autre mal, mais chaque fois qu'un peuple, sur la terre, se voyait menacé par la folie d'autres hommes, le père entreprenait de sauver les objets témoignant de l'âme menacée. Autant dire qu'il amassa quantité d'attirails[5] dans son arche de Noé : il y eut la collection des Indiens d'Amérique, la collection vietnamienne, la collection des moines tibétains.

En lisant les journaux, je finissais par prévoir que, lors de ma prochaine visite, le père Pons m'annoncerait :

– Je commence une collection.

Rudy et moi sommes demeurés amis. Nous avons contribué à la construction d'Israël. J'ai donné de l'argent, lui s'y est installé. À mille reprises, le père Pons déclara qu'il se réjouissait de voir l'hébreu, cette langue sacrée, ressusciter.

À Jérusalem, l'institut Yad Vashem décida de décerner le titre de « Juste des Nations » à ceux qui, dans les temps du nazisme et de la terreur, avaient incarné le meilleur de l'humanité en sauvant des juifs

1. Plaisir gourmand.
2. et 3. Célébrations juives.
4. Ne ressemble, n'est comparable.
5. Objets.

au péril de leur vie. Le père Pons reçut le nom de Juste en décembre 1983.

Il ne le sut jamais, il venait de mourir. Sans doute sa modestie n'au-
rait-elle pas aimé la cérémonie que nous projetions d'organiser, Rudy et
moi ; sans doute aurait-il protesté qu'on ne devait pas le remercier, qu'il
n'avait qu'accompli son devoir en écoutant son cœur. En fait, c'est
à nous, ses enfants, qu'une telle fête aurait apporté le plus de plaisir.

Ce matin, Rudy et moi sommes allés fouler[1] les sentiers de la forêt
qui, en Israël, porte son nom. Le « bois du père Pons » comprend deux
cent soixante et onze arbres figurant les deux cent soixante et onze
enfants qu'il a sauvés.

De jeunes arbustes poussent désormais au pied des troncs plus
anciens.

– Regarde, Rudy, il va y avoir davantage d'arbres, ça ne voudra plus
rien dire…

– C'est normal, Joseph. Combien as-tu d'enfants ? Quatre. Et de
petits-enfants ? Cinq. En te sauvant, le père Pons a sauvé neuf personnes.
Douze pour moi. À la prochaine génération, ça constituera plus. Et sans
cesse davantage. Dans quelques siècles, il aura sauvé des millions d'êtres
humains.

– Comme Noé.

– Tu te souviens de la Bible, mécréant[2] ? Tu m'étonnes…

Non moins qu'autrefois, Rudy et moi nous montrons différents en
tout. Et nous nous aimons autant. Nous pouvons nous disputer avec
véhémence[3] puis nous embrasser en nous souhaitant bonne nuit.
Chaque fois que je le retrouve ici, dans sa ferme en Palestine, ou qu'il

---

1. Marcher sur.
2. Infidèle à une religion.
3. Passion.

me rejoint en Belgique, nous nous accrochons au sujet d'Israël. Si je soutiens cette jeune nation, je n'approuve pas chacun de ses actes, contrairement à Rudy qui épouse et justifie les moindres pulsions[1] du régime, même les plus guerrières.

– Enfin, Rudy, être pour Israël ne revient pas à approuver tout ce que décide Israël. Il faut faire la paix avec les Palestiniens. Ils ont autant de droits que toi à vivre ici. C'est leur territoire aussi. Ils y vivaient avant qu'on y établisse Israël. L'histoire même de notre persécution devrait nous conduire à leur adresser les paroles que, nous-mêmes, nous avons attendues pendant des siècles.

– Oui, mais notre sécurité…

– La paix, Rudy, la paix, c'est ce que nous a appris à souhaiter le père Pons.

– Ne sois pas naïf, Joseph. Le meilleur moyen d'arriver à la paix, c'est souvent la guerre.

– Je ne suis pas d'accord. Plus tu accumuleras de haine entre les deux camps, moins la paix deviendra possible.

Tout à l'heure, en regagnant la plantation d'oliviers, nous sommes passés devant une maison palestinienne qui venait d'être détruite par les chenilles d'un char. Les objets gisaient, épars[2], dans la poussière qui montait vers le ciel. Deux bandes d'enfants se battaient avec violence au milieu des décombres.

Je lui fis arrêter sa Jeep.

– Qu'est-ce que c'est ?

– Des représailles de notre part, me répondit-il. Il y a eu un attentat-suicide perpétré par un Palestinien hier. Trois victimes. Il nous fallait réagir.

---

1. Mouvements, actions spontanées.
2. Dispersés.

105   Sans répondre, je descendis de la voiture et marchai sur les gravats[1].

Deux bandes rivales, des garçons juifs et des garçons palestiniens, s'envoyaient des pierres. Comme ils se rataient, l'un saisit une poutrelle[2], fonça sur son adversaire le plus proche et le frappa. La riposte[3] ne tarda pas. En quelques secondes, les gamins des deux clans s'administraient
110   de puissants coups de planches.

Je bondis vers eux en hurlant.

Eurent-ils peur ? Profitèrent-ils de la diversion pour cesser le combat ? Ils s'éparpillèrent en des directions contraires.

Rudy me rejoignit lentement, blasé.
115   En me penchant, je remarquai les objets perdus par les gosses. Je ramassai une kippa[4] et un foulard palestinien. J'enfouis l'une dans ma poche droite, l'autre dans la gauche.

    – Qu'est-ce que tu fais ? me demanda Rudy.

    – Je commence une collection.

---

1. Débris.
2. Morceau de bois.
3. Réponse.
4. Coiffe des hommes juifs.

BIEN LIRE

- **P. 108 : Quel âge Joseph a-t-il à la fin de ce roman ?**
- **L. 74-81 : Quelles sont désormais les relations entre Rudy et Joseph ?**
- **En quoi sont-ils différents ?**

Après-texte

POUR COMPRENDRE

Étape 1   Le défilé 114
Étape 2   La dernière nuit 115
Étape 3   Les premiers jours sombres de Joseph 116
Étape 4   Noé 118
Étape 5   La deuxième année 119
Étape 6   Retrouvailles 120
Étape 7   Épilogue 121
Étape 8   Le roman 122

GROUPEMENT DE TEXTES
La Seconde Guerre mondiale en littérature 124

INTERVIEW EXCLUSIVE
Éric-Emmanuel Schmitt répond aux questions
de Laurence Sudret 130

INFORMATION/DOCUMENTATION
Bibliographie, cinéma, Internet 137

Lire

1 Quelle impression suscite chez vous le mot « preneur » (l. 4) dans ce contexte ?

2 Relevez les occurrences de « tous les dimanches » ; pourquoi ces répétitions ?

3 À partir de la l. 30, l'auteur fait preuve d'humour ; relevez-en les indices et expliquez pourquoi il utilise ce procédé.

4 Une anaphore est la répétition d'un même mot ou groupe de mots au début d'une phrase, d'un vers ou d'un paragraphe. Trouvez cette figure page 10. Quel effet suscite-t-elle ?

5 La fin de ce passage nous apprend que la guerre n'a pas été fatale à Joseph. Pourquoi l'auteur a-t-il préféré ne pas garder le suspens ?

Écrire

6 En vous appuyant sur le modèle d'anaphore que vous aurez trouvé dans le texte, écrivez deux paragraphes en utilisant cette figure de style (*cf.* question n° 4).

7 Page 11, Joseph nous confie sa culpabilité. Écrivez le dialogue qu'il pourrait avoir avec le père Pons à ce sujet. Veillez à respecter toutes les contraintes du discours direct.

Chercher

8 Un des romans de Patrick Cauvin comporte le mot « villa » (l. 9) et une nouvelle d'Arthur Conan Doyle comporte le mot « rouquin » (l. 41). Retrouvez ces titres et leur année de publication.

L'INCIPIT

Un *incipit* (mot invariable dont on prononce le *t* final) désigne le début d'un ouvrage. Il peut être très court (les premiers mots) ou bien courir sur plusieurs paragraphes. Il lance le texte, introduit l'histoire et permet au lecteur de s'installer dans l'ambiance, dans l'atmosphère du livre. Il renseigne le lecteur sur le contexte de l'histoire, les personnages importants, le genre du texte et même sa complexité. De lui dépend donc la bonne *entente* entre un lecteur et le texte.

L'*incipit* de *L'Enfant de Noé* remplit bien ce rôle. On comprend le **contexte** (l. 60 « Depuis quelques semaines, la guerre était finie »), la **tonalité** du texte car même si le sujet est très sérieux, l'humour sera présent dans tout le roman (l. 20-22). Le lecteur plonge immédiatement dans l'histoire de Joseph (l. 43) et du père Pons (l. 44), à la Villa Jaune (l. 9).

Lire

1 Comment appelle-t-on la figure de style de la l. 3 : « crachait des étincelles en poussant des rugissements de tôle » ? Trouvez une figure identique p. 19.

2 Expliquez la réponse du narrateur « peut-on décrire le soleil ? » Que veut-il dire et en quoi est-ce une réponse ?

3 Quelle est la définition du mot « noble » (p. 13 à 15) du point de vue de Joseph ?

4 Quelle différence fait Joseph entre les larmes de son père et celles de sa mère, l. 165 ? Expliquez la nuance entre les verbes « m'avaient embarrassé » et « me déchiraient ».

5 L. 185-186 : que veut dire le comte dans ces lignes ?

6 Expliquez le sens de la l. 235.

Écrire

7 Récrivez les lignes 97 à 101 en changeant le temps des verbes au présent de l'indicatif.

8 Dans un paragraphe clair et développé, expliquez ce que Joseph ressent lorsqu'il dit, l. 214, qu'il est « attaché à vivre intensément ce moment ».

Chercher

9 Joseph et sa mère parlent de l'étoile du berger. Cherchez d'autres étoiles célèbres et intéressez-vous aux noms qui leur sont donnés. Que remarquez-vous ?

10 La fleur d'oranger dont il est question lignes 124-125 est utilisée dans un autre contexte. Que symbolise-t-elle ?

À SAVOIR

L'AUTEUR, LE NARRATEUR, LE PERSONNAGE

L'auteur est celui qui écrit le texte : le romancier, le nouvelliste, l'essayiste, le dramaturge, le poète... Il indique son nom au début ou à la fin de l'ouvrage. Lorsque le nom n'est pas indiqué, on dit que l'auteur est anonyme. Lorsque l'auteur a pris un autre nom que le sien propre, on dit qu'il utilise un pseudonyme (ou nom de plume). Le romancier, dans notre cas, est Éric-Emmanuel Schmitt.

Le **narrateur** est celui qui narre/raconte le récit. Lorsque le récit est écrit à la 1re personne, il peut être question d'une autobiographie (*cf.* **À savoir** de l'étape 3). Lorsque le narrateur est à la 3e personne du singulier, on dit que le narrateur est inconnu.

Le **personnage principal** est le « héros » du texte. Il est celui que l'on voit évoluer dans l'histoire. Il en est le pilier. Ici le personnage principal est Joseph.

POUR COMPRENDRE

Lire

1 Comment s'articulent les pages 21 et 22, comment le lien se fait-il ?

2 Que suscite en vous la description du père Pons (l. 92 à 98) ?

3 Quel lien logique y a-t-il entre les deux propositions de la ligne 106 ?

4 Quelle figure trouve-t-on l. 204 ? Quelle impression cette figure cause-t-elle ?

5 Quelle différence pouvez-vous faire entre les deux adjectifs « bonne » (l. 243) et « juste » (l. 246) ?

6 L. 307, Joseph signale qu'il est « inutile de répondre » à Mademoiselle Marcelle ; pourquoi ? Citez un passage du roman pour justifier votre réponse. Lorsqu'une question posée n'attend pas de réponse (soit parce que ladite réponse est évidente, soit parce qu'on ne peut pas en donner), on dit que c'est une *interrogation oratoire*. C'est le cas de cette question de Mlle Marcelle « [...] quelle maladie aurait pu les emporter ? » (l. 280). Elle se pose à elle-même cette question et n'attend pas de réponse de Joseph. Trouvez-en une p. 30.

7 Comment se passe la cérémonie de la messe aux yeux de Joseph ? Qu'apprécie-t-il le plus dans cette célébration (p. 42-44) ? Citez le texte pour justifier votre réponse.

8 L. 714 à l. 764 : relevez tous les éléments qui créent une ambiance inquiétante.

Écrire

9 Décrivez un écrivain célèbre sur le même mode que Joseph lorsqu'il décrit Mademoiselle Marcelle, p. 29-30.

10 Transformez le discours de Rudy (l. 436 à 444) en en changeant le sens : imaginez qu'il explique à Joseph qu'il a beaucoup de chance. Vous essayerez d'être aussi convaincant et donnerez, comme lui, des exemples concrets et cohérents. Votre discours devra respecter le niveau de langue utilisé par un jeune collégien, sans pour autant être trop familier.

11 Récrivez les lignes 618 à 628 en utilisant la 3e personne au lieu de la 1re. Vous conjuguerez les verbes au présent de l'indicatif et veillerez à faire toutes les transformations nécessaires afin que votre texte reste correct grammaticalement et du point de vue du sens.

Chercher

12 « Sully » est le patronyme d'un duc très célèbre. Recherchez les informations biographiques concernant cet homme et son véritable nom.

13 Recherchez le titre d'un journal intime publié après la Seconde Guerre mondiale racontant la vie d'une jeune fille juive pendant la guerre. Quelles informations pouvez-vous donner sur cet ouvrage ?

À SAVOIR

LE NARRATEUR À LA 1re PERSONNE ET L'AUTOBIOGRAPHIE

Le narrateur (*cf.* **À savoir** de l'étape 2) est celui qui raconte et organise le récit. Lorsque le narrateur se présente à la 1re personne du singulier, on peut distinguer deux cas de figure.

– Le narrateur, l'auteur et le personnage principal représentent la même personne, bien réelle : on est alors dans le cas d'une **autobiographie**. L'auteur raconte quelques années qu'il pense importantes ou révélatrices de sa propre vie ; il peut également raconter toute son existence jusqu'au moment de l'écriture. Dans ce cas, on est amené à faire confiance à l'auteur qui s'engage à ne pas mentir volontairement à son lecteur. Celui-ci doit néanmoins garder à l'esprit que l'histoire lui est présentée selon un point de vue particulier. Lorsque ce récit autobiographique n'est pas écrit pour être publié et reprend chronologiquement la vie de l'auteur, il s'agit d'un *journal* (intime).

– Le narrateur et le personnage sont fictifs. Ils représentent la même personne dans le roman, mais, ils n'ont pas la même identité que le romancier car ils n'existent pas. Il s'agit alors d'un texte qui se présente comme une autobiographie mais qui se rapproche d'un roman. C'est le cas pour l'ouvrage qui nous occupe puisque l'auteur est Éric-Emmanuel Schmitt, et le personnage principal et narrateur est Joseph.

Le romancier utilise souvent le récit à la 1re personne du singulier afin de rendre son texte plus vivant ; de la sorte, il touche davantage le lecteur qui a le sentiment que l'histoire racontée est réelle ; les émotions éprouvées sont plus fortes. En effet, le lecteur vibre davantage à la lecture des aventures de Joseph en pensant qu'il les a réellement vécues.

POUR COMPRENDRE

Lire

1 Pourquoi selon vous Joseph affirme-t-il, l. 812, qu'il se sent « plus seul que jamais » ?

2 Quelle est la particularité des phrases de la ligne 859 ? Quelle impression cause cette construction ?

3 Pourquoi Joseph tient-il tête au père Pons (l. 876 à 898) ? Quelle est sa motivation selon vous ?

4 De quel « déluge » est-il question, l. 975 ? Quel est l'intérêt de cette image ?

5 Pourquoi Joseph prétend-il avoir une « double vie clandestine » (l. 996) ? Développez votre réponse.

6 Cherchez une ellipse p. 65 (différente de celle donnée dans le **À Savoir**). Est-elle similaire à celle de la ligne 1072 ? Justifiez votre réponse.

7 Qu'est-ce qui confère à la ligne 1089-1090 une touche humoristique ?

8 En quoi la situation des lignes 1285-1286 est-elle paradoxale ?

Écrire

9 Expliquez en deux paragraphes argumentés pourquoi le père Pons agit comme il le dit page 60.

10 Imaginez que le père Pons et l'officier allemand se retrouvent un jour, par hasard, après la Seconde Guerre mondiale. Retranscrivez leur discussion en veillant à ce que votre texte soit cohérent.

Chercher

11 Jean Dutour est l'auteur d'un roman sur le marché noir. Les personnages principaux sont des épiciers qui font fortune pendant la Seconde Guerre mondiale. Quel est le titre de ce roman dont a été tiré un téléfilm ? Trouvez tous les renseignements que vous pourrez le concernant.

12 À quel passage de la Bible l'histoire de Noé fait-elle référence ?

À SAVOIR

L'ELLIPSE

L'ellipse est fréquemment utilisée par les romanciers. Elle permet de passer sous silence un certain laps de temps, quand celui-ci ne présente pas d'intérêt pour l'histoire. On en trouve un exemple à la ligne 1072 : l'expression « Au printemps » nous indique que plusieurs semaines se sont écoulées dont le narrateur n'a pas parlé. Le lecteur n'est ainsi pas lassé par le récit lorsque rien de remarquable ne se produit.

Lire

1 Par quel procédé commence la p. 75 ? Trouvez-en autre exemple p. 89 et expliquez vos réponses.

2 Expliquez l'expression « la palme du martyre », l. 16.

3 Essayez d'expliquer clairement la raison qui pousse Joseph à vouloir changer de père (p. 76).

4 L. 82-87 : qui est le narrateur ? On retrouve ce narrateur p. 92 ; dans quel passage ? Quel effet l'intervention de ce « narrateur » apporte-t-elle auprès du lecteur ?

5 Quelle est la particularité de la phrase l. 169-171 ? Qu'est-ce qui justifie ce paragraphe de trois lignes seulement ?

6 Quelle figure de style trouve-t-on l. 401-406 ? Pourquoi Joseph utilise-t-il ce procédé d'insistance ?

7 L. 424 : pourquoi Joseph dit-il qu'il a « le droit de rire aux éclats sans raison » ? Développez votre réponse.

Écrire

8 Après la fuite des enfants avec le père Pons, les séminaristes restent seuls dans la Villa Jaune (p. 88). Imaginez que les agents de la Gestapo les interrogent le lendemain matin : écrivez l'interrogatoire.

9 Récrivez les lignes 432-436 en ajoutant cinq adjectifs qualificatifs ayant différentes fonctions. Votre paragraphe devra conserver du sens.

Chercher

10 L. 124 : il est question de Ponce Pilate. Qui est cet homme ?

11 Qu'est-ce que *La Brabançonne* dont il est question (l. 197) ?

À SAVOIR

L'adjectif qualificatif change en fonction d'un genre et/ou d'un nombre. Il peut avoir plusieurs fonctions selon l'emploi qui en est fait dans une phrase. Il peut être :
– épithète lorsqu'il est placé à côté d'un nom commun : « la bouche *sèche* » (l. 65) ;
– épithète détachée : « *Euphoriques, enthousiasmés*, nous stationnions... » (l. 206) ;
– attribut du sujet lorsqu'il suit un verbe d'état ou l'auxiliaire « être » : « le véhicule devînt *minuscule* et inaudible » (l. 66) ;
– attribut du COD : « je garderai la honte – *intacte, chaude, brûlante* – ... » (l. 86).

Lire

1 Comment expliquez-vous le changement de sentiment de Joseph vis-à-vis de ses parents, p. 94 ?

2 Expliquez l'expression « passion brutale » (l. 116), en respectant le contexte. Votre réponse devra être développée.

3 Pourquoi et en quoi l'expression « sans le décider » (l. 184) est-elle importante ?

4 Pourquoi le père développe-t-il une énergie « revancharde » (l. 266) dans les affaires ?

5 Expliquez les lignes 345-346. Que cherchait exactement Joseph ?

Écrire

6 L. 284 : on comprend que Joseph n'a pas envie de suivre les traces de son père dans le monde professionnel. Écrivez un dialogue dans lequel le fils essaye de convaincre son père. Vous utiliserez des arguments clairs et précis et respecterez les règles du discours direct, précisées dans le **À savoir**.

Chercher

7 Jean Ferrat a écrit un texte qui évoque cette période sombre de l'histoire. Le titre de sa chanson est le même que celui d'un film très connu. Trouvez des renseignements sur l'un et l'autre.

À SAVOIR

Le discours direct est l'un des quatre discours importants, très utilisé dans le roman. Il permet en effet de rendre le récit plus vivant en reprenant les propos exacts tenus par les personnages.

Il obéit à une ponctuation très précise : il est en général précédé par un retour à la ligne, auquel on ajoute souvent « : ». Dans un devoir écrit, il est impératif d'utiliser des guillemets, même si ceux-ci ne se retrouvent pas toujours dans les romans publiés (c'est le cas dans cet ouvrage). Les guillemets s'ouvrent au début du discours et ne se referment que lorsqu'il est terminé. Le temps des verbes est en général le présent de l'indicatif et les pronoms sont en général aux 1re et 2e personnes du singulier ou du pluriel (on le voit bien aux lignes 308-310, par exemple). Enfin, on va à la ligne à chaque prise de parole d'un nouvel interlocuteur et on l'indique par un tiret.

À l'intérieur du discours direct, on peut utiliser des expressions particulières : les incises (« m'annonçait-il » [l. 283], « dit-il » [l. 308]). Elles sont alors au même temps que le reste du récit.

Lire

1 Qu'apprend-on du narrateur p. 108 ?

2 Qu'est-ce qui vous montre que Joseph a toujours conservé une certaine affection pour Mademoiselle Marcelle, p. 108 ?

3 Rudy et Joseph sont-ils toujours aussi proches après la guerre ?

4 P. 109, qu'est-ce qui nous prouve que le père Pons n'est pas un simple original mais bien un homme soucieux du monde qui l'entoure ?

5 Quelle place le père Pons a-t-il pris dans la vie des deux hommes (p. 109) ?

6 À la fin, le narrateur nous fait comprendre, par son comportement, que les deux clans en guerre sont menacés. Pourquoi ?

Écrire

7 Vous commencez une collection qui aura selon vous un sens particulier, pas nécessairement la sauvegarde d'un peuple ou d'une culture. Présentez votre collection et expliquez votre motivation.

Chercher

8 Steven Spielberg a fait un film sur un « Juste » (l. 50). Cherchez des renseignements sur ce film et sur l'homme dont il est question.

Dans ce récit, le père Pons veut garder le témoignage d'une culture et du passé. Il accumule donc tous les documents qui pourraient permettre de conserver ce savoir en cas de génocide total.

L'écriture de manière générale, et la littérature plus précisément, ont un rôle essentiel car elles assurent la conservation de récits, de faits historiques... L'écriture permet en effet aux générations contemporaines et futures de connaître des éléments qui pourraient ne pas être sus du grand public : les lettres des poilus à leur famille, les récits (auto-)biographiques de certains survivants des camps de concentration, etc., ont permis à tous de prendre précisément connaissance des atrocités consécutives aux guerres. Il faut naturellement toujours tenir compte dans ces circonstances de plusieurs éléments : le narrateur et sa pertinence (il est toujours préférable de cumuler les points de vue), l'époque de l'écriture par rapport à l'époque de l'expérience vécue (il faut garder à l'esprit que la mémoire est de moins en moins fiable plus le laps de temps écoulé est long)...

Lire

1 Le début du roman évoque les défilés du dimanche. À quelle page du récit sont-ils à nouveau annoncés ? Sur quel sentiment de Joseph cette page insiste-t-elle à nouveau ? L'enfant a-t-il le sentiment que la guerre étant terminée officiellement, tout est réglé ? Qu'est-ce qui vous le montre dans ce qu'il raconte des occupations du père Pons, p. 94 ?

2 P. 40-41 : Joseph nous apprend que Rudy le prend « immédiatement (...) sous sa protection ». La suite du récit vient-elle asseoir cette affirmation ? En quoi cette situation est-elle paradoxale ?

3 P. 43-44 : un paragraphe est construit sur le procédé de l'anaphore (*cf.* étape 1, n° 4). Lequel ? Relevez les anaphores et expliquez leur effet sur le lecteur.

4 P. 81 : le narrateur nous raconte un épisode de la guerre qui semble anodin mais est important pour le lecteur. On comprend que Joseph n'a pas alors vraiment conscience du danger. De quel événement s'agit-il, et pourquoi est-ce important ? Développez votre réponse. Joseph comprend la gravité de la situation plus tard. Citez les lignes qui le prouvent.

5 P. 93 : on apprend que Mademoiselle Marcelle a été déportée à l'Est. Joseph se demande quand et si elle reviendra. Trouve-t-on la réponse à cette question dans la suite du récit ? Si oui, quelle est la réponse ?

Écrire

6 La Villa Jaune (p. 36) : l'établissement est décrit comme un chat et les différents éléments de la demeure rappellent l'anatomie du félin. Écrivez vous aussi une description qui se poursuivra sur une dizaine de lignes, dans laquelle vous présenterez un bâtiment quelconque en établissant une relation de comparaison avec un animal.

7 L'un des petits-enfants de Joseph lui annonce un jour qu'il veut changer de religion ; Joseph se souvient alors de la réaction de son père et des conversations qu'il a eues avec le père Pons à ce sujet. Que pourrait-il dire à son petit-fils ?

Chercher

8 Un philosophe très connu du XVIIIe siècle s'est beaucoup battu pour la tolérance religieuse. Il s'est d'ailleurs investi dans des procès restés célèbres, au cours desquels il a défendu le respect de la foi de chacun en France. Qui est ce philosophe ? Trouvez les grandes lignes de sa biographie.

9 Le père Pons entreprend après la guerre une nouvelle collection : celle

des œuvres des poètes dissidents (p. 107). Qui est Staline ? Qu'a-t-il fait qui puisse faire craindre une telle disparition au père Pons ?

À SAVOIR

LE DÉNOUEMENT

Ce mot désigne en général la fin d'une pièce de théâtre, mais on l'utilise également pour les autres types d'ouvrages littéraires en prose. La fin du récit est habituellement la conséquence logique de ce qui s'est passé depuis le début ; le lecteur ne doit pas être trop dérouté par la fin et doit surtout comprendre ce qui se passe, même en cas de surprise. En effet, il arrive que le dénouement soit le résultat d'un événement inattendu qui se produit juste avant la fin ; le lecteur est alors décontenancé mais doit pouvoir suivre le cours du récit jusqu'au bout.

Le dénouement d'un récit doit ainsi être cohérent (même s'il est inattendu) et complet, ce qui signifie que le lecteur doit pouvoir deviner l'action qui suivra la dernière ligne écrite par le romancier.

Dans notre roman, le dénouement est, d'une certaine façon, double. Le dernier chapitre du roman (p. 108-112) n'est pas le dénouement du récit, qui se trouve en réalité à la fin du chapitre précédent (p. 93-107) : la guerre a pris fin, Rudy et Joseph ont enfin retrouvé leurs parents et le narrateur a même donné un sens à sa vie future grâce au père Pons : il est devenu Noé et c'est à lui, entre autres, qu'incombe désormais la tâche de sauvegarder la culture et la religion juives. Certes, la page 108, commence par une phrase qui nous annonce une fin : « J'achève de rédiger ce récit », mais le dernier chapitre n'indique en réalité que la fin de l'écriture. Le narrateur nous apprend non seulement ce qu'il a vécu pendant les années qui ont suivi la guerre (sa jeunesse, son mariage, ses relations avec le père Pons, son amitié avec Rudy) mais également ce qu'il va faire ensuite, « une collection » (l. 118, p. 112).

LA SECONDE GUERRE MONDIALE
EN LITTÉRATURE

On peut se demander dans quelle mesure la littérature a un rôle à assumer dans cet épisode sanglant de l'histoire de l'humanité. Le texte écrit, que ce soit le roman, le témoignage, l'autobiographie, etc., a une place essentielle dans notre société occidentale ; toute l'Histoire est couchée sur le papier. L'historien est d'une importance capitale, mais l'écrivain littéraire ne l'est pas moins. C'est par les yeux de ces multiples auteurs – qu'ils aient vécu ou bien seulement connu de loin ce conflit, qu'ils en aient été contemporains ou bien qu'ils soient nés après – que nous sommes en mesure de nous faire une idée plus complète de ce que fut cette période sombre de notre histoire ; car l'écrivain sait faire vivre et rendre plus prégnant ce qui n'appartient apparemment qu'au passé. Voici quelques extraits d'ouvrages très différents, traitant de cette question.

Robert Merle (1908-2004)

La mort est mon métier, © Éditions Gallimard

Ce roman est très largement inspiré de la vie de Rudolf Höss, le tristement célèbre commandant du camp d'Auschwitz, et des entretiens qu'il a eus avec le psychologue américain Gilbert dans sa cellule au moment du procès de Nuremberg. Le texte raconte l'adolescence et la vie d'un des nazis les plus célèbres, d'un homme entièrement dévoué à une cause, un but : obéir le mieux possible à la mission qui lui est confiée.

Dans cet extrait, on assiste au moment où la « solution finale » est annoncée par Himmler. On constate alors à quel point l'esprit du narrateur, Rudolf Lang (le romancier a changé le patronyme), est soumis à l'idéologie et la hiérarchie nazies : il ne conteste pas du tout l'idée mais s'étonne seulement d'avoir été choisi…

Il y eut un silence et il dit :

– Ce que je vais vous dire maintenant est un secret. Je vous demande de jurer sur votre honneur que vous garderez là-dessus le silence le plus absolu.

Je le regardai. Tant de choses, dans la SS, étaient confidentielles, le secret faisait tellement partie de notre routine qu'il ne paraissait pas exiger, à chaque fois, un serment.

– Vous devez comprendre, reprit Himmler, qu'il ne s'agit pas d'un simple secret de service, mais (il détacha les mots) d'un véritable secret d'État.

Il recula légèrement dans l'ombre et dit d'une voix sévère :

– *Sturmbannführer*, voulez-vous me jurer sur votre honneur d'officier SS que vous ne révélerez ce secret à personne ?

Je dis sans hésiter :

– Je le jure sur mon honneur d'officier SS.

– Je vous signale, reprit-il au bout d'un moment, que vous êtes tenu de ne le révéler à personne, pas même à votre supérieur hiérarchique *Gruppenführer* Goertz.

Je me sentis mal à l'aise. Les camps dépendant directement du *Reichsführer*, il n'était pas anormal qu'il me donnât des instructions, sans passer par Goertz. Mais il était, par contre, tout à fait étonnant qu'il le fît à son insu.

– Vous ne devez pas vous étonner de ces dispositions, reprit Himmler comme s'il lisait dans ma pensée. Elles ne témoignent d'aucune méfiance à l'égard de l'inspecteur des camps *Gruppenführer* Goertz. Celui-ci sera mis ultérieurement au courant, au moment que j'aurai choisi.

Le *Reichsführer* bougea la tête, et le bas de son visage s'éclaira. Ses lèvres minces, rasées de près, étaient serrées l'une contre l'autre.

– Le *Führer*, dit-il d'une voix nette, a ordonné la solution définitive du problème juif en Europe.

Il fit une pause et ajouta :

– Vous avez été choisi pour exécuter cette tâche.

Je le regardai. Il dit sèchement :

– Vous avez l'air effaré. Pourtant, l'idée d'en finir avec les juifs n'est pas neuve.

– *Nein, Herr Reichsführer*. Je suis seulement étonné que ce soit moi qu'on ait choisi…

Il me coupa :

– Vous saurez les raisons de ce choix. Elles vous honorent.

Curzio Malaparte (1898-1957)

Kaputt, trad. Juliette Bertrand, © Éditions Denoël, 1946-2006

Cet ouvrage est un recueil de plusieurs parties, portant toutes un titre animalier. Dans la partie appelée « Les oiseaux », on peut lire quatre chapitres dont l'un, « L'œil de verre », d'où est extrait le texte présenté ci-après. Dans ce chapitre, le narrateur raconte plusieurs histoires de guerre aux deux femmes qui l'accompagnent : Louise et Ilse. Il en vient à parler d'un épisode de l'automne 1941, en Ukraine. L'histoire commence presque comme un conte : « Un jour, un officier allemand passait à la tête de sa colonne d'artillerie à travers un village… » Les Allemands mettent à sac le village, mais des résistants ripostent. L'un d'eux est capturé et conduit à l'officier : c'est un enfant.

Lui aussi a un garçon, chez lui, à Berlin, dans sa maison de la Witzlebenplatz, un garçon de cet âge, non, peut-être Rudolf a-t-il un an de plus, celui-ci est vraiment un enfant : *ein Kind* ! L'officier tapote ses bottes de sa cravache et le cheval, à côté de lui, piétine le terrain d'un sabot impatient, frotte son museau sur l'épaule de l'officier. À deux pas de distance l'interprète, un *deutschesvolk* de Balta, attend au garde-à-vous l'air irrité. Ce n'est qu'un mioche : *ein Kind* ! Tout à coup l'officier se penche sur le garçon, lui demande si d'autres partisans sont restés au village. La voix de l'officier est lasse, pleine de contrariété ; elle semble se reposer sur la voix de l'interprète qui répète la question en russe, d'un accent dur et furieux.

– *Niet*, répond l'enfant.

– Pourquoi as-tu tiré sur mes soldats ?

L'enfant regarde l'officier d'un air surpris. L'interprète doit lui répéter la question.

– Tu le sais bien ; pourquoi me le demandes-tu ? répond l'enfant. Sa voix est tranquille et claire (…).

– Tu sais ce que sont les Allemands ? lui demande l'officier à voix basse.

– N'es-tu pas allemand toi aussi, *tovarisch officer* ? répond l'enfant.

Alors l'officier fait un geste et le *Feldwebel* empoigne l'enfant par un bras, tire son pistolet de ses fontes.

– Non, pas ici : plus loin, dit l'officier en tournant le dos.

(…)

À un certain moment, l'officier s'arrête devant l'enfant, le fixe longtemps en silence, puis lui dit d'une voix lente, basse, remplie de contrariété :

– Écoute, je ne veux pas te faire de mal. Tu n'es qu'un mioche ; je ne fais pas la guerre aux mioches. Tu as tiré sur mes soldats. Mais je ne fais pas guerre aux enfants. *Lieber Gott* ! Ce n'est pas moi qui l'aie inventée, la guerre ! L'officier s'arrête, puis dit au garçon avec une douceur étrange : Écoute, j'ai un œil de verre. Il est difficile de le reconnaître du bon. Si tu peux me dire tout de suite, sans réfléchir, lequel des deux est l'œil de verre, je te laisse partir, je te laisse en liberté.

– L'œil gauche, répond aussitôt le garçon.

– Comment as-tu fait pour t'en apercevoir ?

– Parce que des deux, c'est le seul qui ait une expression humaine.

Louise avait le souffle court et me serrait le bras très fort.

– Et l'enfant ? Comment a-t-il fini, l'enfant ? demanda-t-elle à voix basse.

Georges Perec (1936-1982)
W ou le souvenir d'enfance, Denoël, 1975

Ce roman de Perec a la particularité de mêler deux histoires différentes : une espèce d'autobiographie du romancier et un récit qu'il avait écrit jeune, dans lequel il fait vivre une société élitiste à l'image de la société et de l'enseignement nazis. Les chapitres alternent et l'on passe d'une histoire à l'autre. Les passages qui suivent appartiennent à des chapitres « autobiographiques ». Le romancier raconte quelques moments de son enfance, en pleine guerre. Il est en effet né en 1936 et avait donc trois ans lorsque le conflit commença.

Chapitre II
Je n'ai pas de souvenirs d'enfance. Jusqu'à ma douzième année à peu près, mon histoire tient en quelques lignes : j'ai perdu mon père à quatre ans, ma mère à six ; j'ai passé la guerre dans diverses pensions de Villard-de-Lans. En 1945, la sœur de mon père et son mari m'adoptèrent.

Cette absence d'histoire m'a longtemps rassuré : sa sécheresse objective, son évidence apparente, son innocence, me protégeaient, mais de quoi me protégeaient-elles, sinon précisément de mon histoire, de mon histoire vécue, de mon histoire réelle, de mon histoire à moi qui, on peut le supposer, n'était ni sèche, ni objective, ni apparemment évidente, ni évidemment innocente ?

« Je n'ai pas de souvenirs d'enfance » : je posais cette affirmation avec assurance, avec presque une sorte de défi. L'on n'avait pas à m'interroger sur cette question. Elle n'était pas inscrite à mon programme. J'en étais dispensé : une autre histoire, la Grande, l'Histoire avec sa grande hache, avait déjà répondu à ma place : la guerre, les camps.

Chapitre VIII

La guerre survint. Mon père s'engagea et mourut. Ma mère devint veuve de guerre. Elle prit le deuil. Elle me mit en nourrice. Son salon fut fermé. Elle s'engagea comme ouvrière dans une fabrique de réveille-matin. Il me semble me souvenir qu'elle se blessa un jour et eut la main transpercée. Elle porta l'étoile.

Un jour, elle m'accompagna à la gare. C'était en 1942. C'était la gare de Lyon. Elle m'acheta un illustré qui devait être un Charlot. Je l'aperçus, il me semble, agitant un mouchoir blanc sur le quai cependant que le train se mettait en route. J'allais à Villard-de-Lans, avec la Croix-Rouge.

Elle tenta plus tard, me raconta-t-on, de passer la Loire. Le passeur qu'elle alla trouver, et dont sa belle-sœur, déjà en zone libre, lui avait communiqué l'adresse, se trouva être absent. Elle n'insista pas davantage et retourna à Paris. On lui conseilla de déménager, de se cacher. Elle n'en fit rien. Elle pensait que son titre de veuve de guerre lui éviterait tout ennui. Elle fut prise dans une rafle avec sa sœur, ma tante. Elle fut internée à Drancy le 23 janvier 1943, puis déportée le 11 février suivant en direction d'Auschwitz. Elle revit son pays natal avant de mourir. Elle mourut sans avoir compris.

Interview

Pour la collection « Classiques & Contemporains », *Éric-Emmanuel Schmitt a accepté de répondre aux questions de Laurence Sudret, professeur de Lettres.*

Laurence Sudret : Vous vous attachez, dans votre récit, à montrer que la vraie grandeur de l'homme est dans la tolérance. Rudy évolue moins bien de ce point de vue-là que Joseph, qui comprend assez vite qu'il peut être le « creuset » de deux cultures et deux croyances. Le manque de tolérance de la société occidentale pose-t-il toujours problème ?

Éric-Emmanuel Schmitt : La nécessité de la tolérance est plus forte que jamais car notre monde est divers, moins gris et moins homogène qu'avant, proche du manteau multicolore d'Arlequin. Dans une même société, il y a désormais des teintes de peau variées, des êtres d'origines géographiques différentes, de religions sans rapport. Pour vivre ensemble, la solution n'est pas d'exclure mais de se comprendre, de se connaître, de développer la curiosité de chacun pour l'autre. Les romans, les pièces de théâtre et les films permettent cela.

L. S. : Quelle autre intolérance souhaiteriez-vous dénoncer ?

É.-E. S. : Je n'aime pas le regard que l'Europe actuelle jette sur les migrants. Nous les considérons comme des sous-hommes, nous les refoulons, les parquons, les chassons ; nous les forçons à jeter à la mer leurs papiers d'identité s'ils en ont un, ou bien à vivre dans la clandestinité, exploités par des employeurs qui les utilisent quasiment comme des esclaves. Un de mes romans récents, *Ulysse from Bagdad*, raconte cela, le voyage d'un jeune Irakien pour gagner l'Angleterre.

L. S. : Dans votre « Cycle de l'Invisible », vous interrogez les différentes religions. Une particularité de *L'Enfant de Noé* est que, comme dans *Monsieur Ibrahim et les fleurs du Coran*, une religion est abordée en regard d'une autre. Ce faisant, vous créez des passerelles et mettez en avant les ressemblances, au lieu de pointer les différences. Est-ce à dire que vous allez au-delà de la simple question d'appartenance religieuse ?

É.-E. S. : J'essaie de montrer qu'à l'intérieur de chaque religion, au-delà des différences apparentes, il y a peut-être un cœur universel, un corps de messages qui peut parler à tout le monde. Non seulement les hommes se posent les mêmes questions et rencontrent des difficultés semblables, mais il y a parfois quelque chose de commun dans les réponses, ou quelque chose de partageable. Ainsi l'épicier musulman de *Monsieur Ibrahim et les fleurs du Coran* peut être reconnu comme un sage même par un juif, un catholique ou un athée ; ainsi le Père Pons dans *L'Enfant de Noé* découvre que le respect est, sinon plus essentiel, du moins plus praticable que l'amour chrétien.

L. S. : Quelle place *L'Enfant de Noé* occupe-t-il alors dans ce cycle de l'Invisible ?

É.-E. S. : Il offre une lecture du passé – la guerre, la persécution des juifs – mais pour éclairer le présent, où injustice, violence et intolérance continuent leur sinistre carnage. Il montre aussi comment nous devons tous quelque chose à la pensée juive – la notion de respect – même si nous ne sommes pas juifs.

L. S. : La disparition d'une culture est une des inquiétudes majeures du père Pons. La littérature a-t-elle selon vous, un rôle à jouer dans cette lutte contre la disparition du savoir, le génocide d'une culture, l'oubli plus général du passé ?

É.-E. S. : La culture d'un groupe, c'est ce qu'on détruit avec les vies. Parfois, on la détruit avant – les nazis brûlèrent les livres juifs avant de s'attaquer aux personnes –, parfois après. La littérature, c'est l'autre existence d'un peuple, son existence immatérielle, sa mémoire, sa vie spirituelle. Elle est d'autant plus dangereuse pour l'exterminateur qu'elle permet de garder présent entre les pages ce qu'il tente de faire disparaître. Plus forte que les hommes vulnérables et mortels, elle peut renaître, même après un carnage, et insuffler son énergie dans de jeunes êtres.

L. S. : Vous avez le courage d'aborder les sujets que la grande majorité des romanciers fuient : la religion, la maladie de l'enfant avec *Oscar et la Dame rose*. Est-ce une des missions du romancier selon vous d'obliger le public à regarder ce qu'il ne veut pas voir ?

É.-E. S. : D'abord, ce qui effraie les écrivains n'est pas forcément ce qui effraie les gens ; le public me paraît avoir des intérêts plus variés, plus profonds, plus spirituels, plus intemporels que ce que les média ou les auteurs à la recherche d'un succès immédiat ne le croient. Ensuite, pour moi, le romancier passe un contrat avec le lecteur, il lui dit : je vais t'intéresser, te prendre par la main et t'emmener dans un voyage que tu ne ferais pas sans moi ; tu aborderas des endroits nouveaux, inconnus, qui t'effraient peut-être, mais, aie confiance, je ne te lâcherai pas la main et peut-être me remercieras-tu à l'arrivée. Courageuse, délicate et ferme, telle doit être la poigne du conteur.

Éric-Emmanuel Schmitt
16 mars 2010

BIBLIOGRAPHIE

• Romans

– *La Secte des Egoïstes,* 1994.
– *L'Evangile selon Pilate,* 2000.
– *La Part de l'autre,* 2001.
– *Lorsque j'étais une œuvre d'art,* 2002.

• Récits

– *Milarepa,* 1997
– *Monsieur Ibrahim et les Fleurs du Coran,* 2001.
– *Oscar et la dame rose,* 2002.
– *L'Enfant de Noé,* 2004.
– *Odette Toulemonde et autres histoires,* 2006.
– *La Rêveuse d'Ostende,* 2007.

• Théâtre

– *La Nuit de Valognes,* 1991.
– *Le Visiteur,* 1993.
– *Milarépa,* 1997.
– *Le Libertin,* 1997.
– *Petits crimes conjugaux,* 2003.

• Autobiographie

– *Ma Vie avec Mozart,* 2005.

CINEMA

– *Monsieur Ibrahim et les Fleurs du Coran,* 2003.
– *Odette Toulemonde,* de E.-E. Schmitt, 2007.
– *Oscar et la dame rose,* de E.-E. Schmitt, 2009.

Films et documentaires

– *Nuit et brouillard,* réalisé par Alain Resnais, 1955.
– *Shoah,* réalise par Claude Lanzmann, 1985.
– *Au revoir les enfants,* Louis Malle, 1987.

INTERNET

• Sur Eric-Emmanuel Schmitt
http ://www.eric-emmanuel-schmitt.com
http ://www.evene.fr/celebre/biographie/eric-emmanuel-schmitt-798.php
http ://pagesperso-orange.fr/mondalire/schmitt.htm

• Sur la shoah
http ://www.memorialdelashoah.org
http ://www.shoah.education.fr

Classiques & Contemporains

SÉRIE « LES GRANDS CONTEMPORAINS PRÉSENTENT »

D. Daeninckx présente *21 récits policiers*
L. Gaudé présente *13 extraits de tragédies*
A. Nothomb présente *20 récits de soi*
K. Pancol présente *21 textes sur le sentiment amoureux*
É.-E. Schmitt présente *13 récits d'enfance et d'adolescence*
B. Werber présente *20 récits d'anticipation et de science-fiction*

Adam, *Je vais bien, ne t'en fais pas*
Anouilh, *L'Hurluberlu – Pièce grinçante*
Anouilh, *Pièces roses*
Balzac, *La Bourse*
Balzac, *Sarrasine*
Barbara, *L'Assassinat du Pont-Rouge*
Begag, *Salam Ouessant*
Bégaudeau, *Le Problème*
Ben Jelloun, Chedid, Desplechin, Ernaux, *Récits d'enfance*
Benoit, *L'Atlantide*
Boccace, Poe, James, Boyle, etc., *Nouvelles du fléau*
Boisset, *Le Grimoire d'Arkandias*
Boisset, *Nicostratos*
Braun (avec S. Guinoiseau), *Personne ne m'aurait cru, alors je me suis tu*
Brontë, *L'Hôtel Stancliffe*
Calvino, *Le Vicomte pourfendu*
Chaine, *Mémoires d'un rat*
Colette, *Claudine à l'école*
Conan Doyle, *Le Monde perdu*
Conan Doyle, *Trois Aventures de Sherlock Holmes*
Corneille, *Le Menteur*
Corneille, *Médée*
Cossery, *Les Hommes oubliés de Dieu*
Coulon, *Le roi n'a pas sommeil*
Courteline, *La Cruche*
Daeninckx, *Cannibale*
Daeninckx, *Histoire et faux-semblants*
Daeninckx, *L'Espoir en contrebande*
Dahl, Bradbury, Borges, Brown, *Nouvelles à chute 2*
Daudet, *Contes choisis*
Defoe, *Robinson Crusoé*
Diderot, *Supplément au Voyage de Bougainville*
Dorgelès, *Les Croix de bois*
Dostoïevski, *Carnets du sous-sol*
Du Maurier, *Les Oiseaux et deux autres nouvelles*
Du Maurier, *Rebecca*
Dubillard, Gripari, Grumberg, Tardieu, *Courtes pièces à lire et à jouer*

Dumas, *La Dame pâle*
Dumas, *Le Bagnard de l'Opéra*
Feydeau, *Dormez, je le veux!*
Fioretto, *Et si c'était niais? – Pastiches contemporains*
Flaubert, *Lettres à Louise Colet*
Gaudé, *La Mort du roi Tsongor*
Gaudé, *Médée Kali*
Gaudé, *Salina*
Gaudé, *Voyages en terres inconnues – Deux récits sidérants*
Gavalda, Buzzati, Cortázar, Bourgeyx, Kassak, Mérigeau, *Nouvelles à chute*
Germain, *Magnus*
Giraudoux, *La guerre de Troie n'aura pas lieu*
Giraudoux, *Ondine*
Gripari, *Contes de la rue Broca et de la Folie-Méricourt*
Higgins Clark, *La Nuit du renard*
Higgins Clark, *Le Billet gagnant et deux autres nouvelles*
Highsmith, Poe, Maupassant, Daudet, *Nouvelles animalières*
Hoffmann, *L'Homme au sable*
Hoffmann, *Mademoiselle de Scudéry*
Huch, *Le Dernier Été*
Hugo, *Claude Gueux*
Hugo, *Théâtre en liberté*
Irving, *Faut-il sauver Piggy Sneed?*
Jacq, *La Fiancée du Nil*
Jarry, *Ubu roi*
Kafka, *La Métamorphose*
Kamanda, *Les Contes du Griot*
King, *Cette impression qui n'a de nom qu'en français et trois autres nouvelles*
King, *La Cadillac de Dolan*
Kipling, *Histoires comme ça*
Klotz, *Killer Kid*
Leblanc, *Arsène Lupin, gentleman-cambrioleur*
Leroux, *Le Mystère de la chambre jaune*
Lewis, *Pourquoi j'ai mangé mon père*
London, *Construire un feu*
London, *L'Appel de la forêt*
Loti, *Le Roman d'un enfant*
Lowery, *La Cicatrice*
Maran, *Batouala*
Marivaux, *La Colonie* suivi de *L'Île des esclaves*
Maupassant, *Les Dimanches d'un bourgeois de Paris*
Mérimée, *Tamango*
Molière, *Dom Juan*
Molière, *George Dandin*
Molière, *Le Sicilien ou l'Amour peintre*
Murakami, *L'éléphant s'évapore* suivi du *Nain qui danse*
Musset, *Lorenzaccio*
Némirovsky, *Jézabel*

Nothomb, *Acide sulfurique*
Nothomb, *Barbe bleue*
Nothomb, *Les Combustibles*
Nothomb, *Métaphysique des tubes*
Nothomb, *Le Sabotage amoureux*
Nothomb, *Stupeur et Tremblements*
Pergaud, *La Guerre des boutons*
Perrault, Mme d'Aulnoy, etc., *Contes merveilleux*
Petan, *Le Procès du loup*
Poe, Gautier, Maupassant, Gogol, *Nouvelles fantastiques*
Pons, *Délicieuses frayeurs*
Pouchkine, *La Dame de pique*
Reboux et Muller, *À la manière de…*
Renard, *Huit jours à la campagne*
Renard, *Poil de Carotte* (comédie en un acte), suivi de *La Bigote* (comédie en deux actes)
Reza, *« Art »*
Reza, *Le Dieu du carnage*
Reza, *Trois versions de la vie*
Ribes, *Trois pièces facétieuses*
Riel, *La Vierge froide et autres racontars*
Rouquette, *Médée*
Sand, *Marianne*
Schmitt, *Crime parfait et Les Mauvaises Lectures – Deux nouvelles à chute*
Schmitt, *L'Enfant de Noé*
Schmitt, *Hôtel des deux mondes*
Schmitt, *Le Joueur d'échecs*
Schmitt, *Milarepa*
Schmitt, *Monsieur Ibrahim et les fleurs du Coran*
Schmitt, *La Nuit de Valognes*
Schmitt, *Oscar et la dame rose*
Schmitt, *Ulysse from Bagdad*
Schmitt, *Vingt-quatre heures de la vie d'une femme*
Schmitt, *Le Visiteur*
Sévigné, Diderot, Voltaire, Sand, *Lettres choisies*
Signol, *La Grande Île*
Stendhal, *Vanina Vanini*
Stevenson, *Le Cas étrange du Dr Jekyll et de M. Hyde*
t'Serstevens, *Taïa*
Uhlman, *La Lettre de Conrad*
van Cauwelaert, *Cheyenne*
Vargas, *Debout les morts*
Vargas, *L'Homme à l'envers*
Vargas, *L'Homme aux cercles bleus*
Vargas, *Pars vite et reviens tard*
Vercel, *Capitaine Conan*
Vercors, *Le Silence de la mer*
Vercors, *Zoo ou l'assassin philanthrope*
Verne, *Sans dessus dessous*
Voltaire, *L'Ingénu*
Wells, *La Machine à explorer le temps*

Werth, *33 Jours*
Wilde, *Le Crime de Lord Arthur Savile*
Zola, *Thérèse Raquin*
Zweig, *Le Joueur d'échecs*
Zweig, *Lettre d'une inconnue*
Zweig, *Vingt-quatre heures de la vie d'une femme*

Recueils et anonymes

90 poèmes classiques et contemporains
Ceci n'est pas un conte et autres contes excentriques du XVIIIe siècle
Ces objets qui nous envahissent : objets cultes, culte des objets (anthologie BTS)
Cette part de rêve que chacun porte en soi (anthologie BTS)
Contes populaires de Palestine
Histoires vraies – Le Fait divers dans la presse du XVIe au XXIe siècle
Initiation à la poésie du Moyen Âge à nos jours
Je me souviens (anthologie BTS)
La Dernière Lettre – Paroles de Résistants fusillés en France (1941–1944)
La Farce de Maître Pierre Pathelin
Poèmes engagés
La Presse dans tous ses états – Lire les journaux du XVIIe au XXIe siècle
La Résistance en poésie – Des poèmes pour résister
La Résistance en prose – Des mots pour résister
Les Aventures extraordinaires d'Adèle Blanc-Sec
Les Grands Textes du Moyen Âge et du XVIe siècle
Les Grands Textes fondateurs
Nouvelles francophones
Pourquoi aller vers l'inconnu ? – 16 récits d'aventures
Sorcières, génies et autres monstres – 8 contes merveilleux

SÉRIE BANDE DESSINÉE (en coédition avec Casterman)

Beuriot et Richelle, *Amours fragiles – Le Dernier Printemps*
Bilal et Christin, *Les Phalanges de l'Ordre noir*
Comès, *Silence*
Ferrandez et Benacquista, *L'Outremangeur*
Franquin, *Idées noires*
Manchette et Tardi, *Griffu*
Martin, *Alix – L'Enfant grec*
Pagnol et Ferrandez, *L'Eau des collines – Jean de Florette*
Pratt, *Corto Maltese – La Jeunesse de Corto*
Pratt, *Saint-Exupéry – Le Dernier Vol*
Stevenson, Pratt et Milani, *L'Île au trésor*
Tardi et Daeninckx, *Le Der des ders*
Tardi, *Adèle Blanc-sec – Adèle et la Bête*
Tardi, *Adèle Blanc-sec – Le Démon de la Tour Eiffel*
Tardi, *Adieu Brindavoine* suivi de *La Fleur au fusil*
Tito, *Soledad – La Mémoire blessée*
Tito, *Tendre banlieue – Appel au calme*
Utsumi et Taniguchi, *L'Orme du Caucase*
Wagner et Seiter, *Mysteries – Seule contre la loi*

Couverture
Conception graphique : Marie-Astrid Bailly-Maître
Couverture : © Eyedea

Intérieur
Conception graphique : Marie-Astrid Bailly-Maître
Édition : Suzanne Bénistan
Réalisation : Nord Compo, Villeneuve-d'Ascq

© **Éditions Albin Michel, 2004**
© **Éditions Magnard, 2010, pour la présentation, les notes,
les questions, l'après-texte et l'interview exclusive.**

www.magnard.fr
www.classiquesetcontemporains.com

Achevé d'imprimer en juillet 2017
par «La Tipografica Varese Srl» en Italie
N° éditeur : 2017-1052
Dépôt légal : avril 2010